Ullstein Krimi

Ullstein Krimi
Ullstein Buch Nr. 10184
im Verlag Ullstein GmbH,
Frankfurt/M – Berlin – Wien
Übersetzt von Brigitte Walitzek und
Claudia Wahl-Mühlig
Copyright © 1966, 1978 1980, 1981,
by Davis Publications, Inc.
für Alfred Hitchcock's Mystery
Magazine
Übersetzung © 1982 by
Verlag Ullstein GmbH,
Frankfurt/M – Berlin – Wien
Alle Rechte vorbehalten
Printed in Germany 1982
Gesamtherstellung:
Ebner Ulm
ISBN 3 548 10160 7

Dezember 1982

CIP-Kurztitelaufnahme
der Deutschen Bibliothek

Alfred Hitchcocks Kriminalmagazin. –
Frankfurt/M; Berlin; Wien: Ullstein
  Einheitssacht.: Alfred Hitchcock's
  mystery magazine ⟨dt.⟩
NE: Hitchcock, Alfred [Hrsg.]; EST
Bd. 142. Elf brandneue Kriminalstories
mit Pfiff und Pointe / hrsg. von Walter
Spiegl. [Übers. von Brigitte Walitzek u.
Claudia Wahl-Mühlig]. – 1982.
  (Ullstein-Buch; Nr. 10184:
  Ullstein-Krimi)
  ISBN 3-548-10184-4
NE: Spiegl, Walter [Hrsg.]; GT

In der Reihe
Ullstein Bücher
Alfred Hitchcocks
Kriminalmagazine

Band 100 (1925)
Band 101 (1937)
Band 102 (1943)
Band 103 (1949)
Band 104 (1955)
Band 105 (1961)
Band 106 (1973)
Band 107 (1979)
Band 108 (1985)
Band 109 (1991)
Band 110 (10006)
Band 111 (10018)
Band 112 (10024)
Band 113 (10035)
Band 114 (10039)
Band 115 (10043)
Band 116 (10051)
Band 117 (10055)
Band 118 (10059)
Band 119 (10063)
Band 120 (10070)
Band 121 (10078)
Band 122 (10082)
Band 123 (10086)
Band 124 (10090)
Band 125 (10098)
Band 126 (10106)
Band 127 (10110)
Band 128 (10114)
Band 129 (10118)
Band 130 (10125)
Band 131 (10129)
Band 132 (10133)
Band 133 (10137)
Band 134 (10141)
Band 135 (10156)
Band 136 (10160)
Band 137 (10164)
Band 138 (10168)
Band 139 (10172)
Band 140 (10176)
Band 141 (10180)

ALFRED HITCHCOCKS KRIMINALMAGAZIN

BAND 142

ELF BRANDNEUE
KRIMINALSTORIES
MIT PFIFF UND POINTE

Herausgegeben
von Walter Spiegl

Ullstein Krimi

Inhalt

Michael Scott Cain
5 *Ein häßliches Insekt*

Lawrence Block
20 *Goldene Worte*

Jon L. Breen
28 *Der Geist von Blakemore Downs*

James McKimmey
39 *Naturgesetz*

Dick Stodghill
49 *Klassentreffen*

Andrew Jully
72 *Weg in die Freiheit*

Carroll Mayers
92 *Der Aussteiger*

Dan Marlowe
99 *Ein salopper Betrug*

S. S. Rafferty
103 *Das unfertige Salmagundi*

Pauline C. Smith
145 *Das Ende der Geschichte*

Robert Lopresti
151 *Töten ist einfach*

Michael Scott Cain

Ein häßliches Insekt

Als Brenda an meine Tür klopfte, war ich gerade damit beschäftigt, Spielkarten in den Papierkorb am anderen Ende des Zimmers zu schnipsen. Ich machte ihr die Tür auf. Sie warf einen Blick auf die über den Boden verstreuten Karten, sah den Rest des Blattes in meiner Hand und sagte: »Mal wieder zwischen zwei Aufträgen, Mr. Mason?«

Ich hatte ihr diesen Euphemismus beigebracht, weil es mir nämlich peinlich war, wenn sie fragte, ob ich keine Arbeit hätte.

»Es könnte wirklich ein bißchen besser gehen, Brenda«, sagte ich. »Was ist denn los?«

Sie legte ihre Büchertasche auf meinen Schreibtisch. »Ist Mutter bei dir?«

»Ich habe sie nicht gesehen, aber ich war auch fast den ganzen Morgen weg. Ist sie denn nicht in eurer Wohnung?«

Brenda warf mir einen Blick zu, bei dem bestimmt jeder Junge aus ihrer Klasse vor Scham im Boden versunken wäre. »Würde ich sie etwa hier suchen, wenn sie daheim wäre?«

»Kein Grund, schnippisch zu werden, Mädchen. Was ist denn los? Bist du ausgesperrt?«

»Ja.«

»Willst du hier warten, bis sie zurückkommt?« Ich warf die Pikzehn. Sie traf den Rand des Papierkorbs und fiel zu Boden.

Sie strich sich das Haar mit der Hand zurück, eine Geste, die ich bei ihrer Mutter Hunderte von Malen gesehen hatte. »Nicht schlecht«, sagte sie. »Hör zu, ich muß in die Wohnung. Kannst du mir die Tür nicht aufmachen?«

»Ich habe keinen Schlüssel.«

»Kannst du nicht einen Detektivtrick anwenden?«

»Brenda, der Detektivtrick, auf den du anspielst, wird im allgemeinen Einbruch genannt. Es ist verboten.«

»Aber du könntest es machen, wenn du wolltest, nicht wahr?«

Ich mochte Brenda. Sie und ihre Mutter wohnten seit sechs Monaten auf dem Gang direkt gegenüber. Wenn ich »zwischen zwei Aufträgen war«, verbrachten Brenda und ich viel Zeit miteinander. Ich half ihr bei ihren Hausaufgaben, und an den langen Wochenenden unterhielten wir uns oft miteinander. Sie war einsam und schien einen erwachsenen männlichen Freund zu brauchen. Und ich brauchte jemanden in meiner Nähe, der fröhlich und unbeschwert war.

»Ich könnte, aber es verstößt trotzdem gegen das Gesetz«, sagte ich ihr.

»Ich lebe in der Wohnung, und wenn ich sage, es ist in Ordnung, dann ist es in Ordnung. Wenn du die Erlaubnis hast, verstößt es nicht gegen das Gesetz. Also komm schon, mach mir die Tür auf. Ich möchte wirklich gern sehen, wie du das Schloß knackst.«

»Hör auf so zu reden wie Detektiv Rockford.«

»Dann sorg dafür, daß ich in die Wohnung kann.«

Ich warf die Herzzwei. Volltreffer. Da ich genau wußte, daß ich einen solchen Wurf nie wieder hinbekommen würde, sagte ich: »Also gut, versuchen wir's.«

Ich bin kein Profi im Schlösserknacken, aber diese modernen Wohnungen sind nur aus Pappe hergestellt, und nach zwei Versuchen mit meiner Kreditkarte sprang das einfache Schnappschloß auf. Als Brenda in die Wohnung ging, machte ich mir im Geiste eine Notiz, daß ich unbedingt ein besseres Schloß einbauen lassen mußte, in Brendas Tür als auch in meine eigene.

»Das hast du wirklich gut gemacht«, sagte sie.

»Hör zu. Wenn sie nicht bald nach Hause kommt, dann kommst du wieder rüber zu mir. Okay?«

»Warum denn?«

»Ich mag es nicht, wenn du ganz allein in der Wohnung bist«, sagte ich. »Laß deine Tür offen, und ich lasse meine offen. Dann kann ich dich wenigstens hören.«

Sie schäumte: »Also hör mal, Tim. Ich bin immerhin zehn Jahre alt.«

»Du wirst diesen Sommer zehn Jahre alt. Also laß die Tür offen.«

Sie tat so, als sei sie wütend, aber ich konnte sehen, daß sie erleichtert darüber war, mich in der Nähe zu wissen. Gleichzeitig aber fand sie es aufregend, allein in der Wohnung zu sein. Sie summte eine Melodie vor sich hin, als sie in ihr Zimmer ging. Ich kehrte zurück in meine Behausung und wartete darauf, daß das

Telefon klingelte.

Brendas Telefon klingelte zuerst. Ich achtete nicht weiter darauf, aber weil die Türen offen waren, konnte ich hören, wie sie mit ihrer fröhlichen Stimme antwortete. Dann plötzlich veränderte sich ihre Stimme. Sie bebte, und als ich aufstand, um nachzusehen, was los war, kam sie schon herausgelaufen. Sie weinte.

»Tim«, schluchzte sie. »Meine Mami ist im Gefängnis.«

»Leutnant«, sagte ich, »ich bin ein Freund von Marlene Heller. Das hier ist ihre Tochter.« Ich legte die Hand auf Brendas Schulter. »Können Sie uns sagen, was hier eigentlich vorgeht?«

»Was hier vorgeht, ist, daß Sie mit einem Captain reden, und nicht mit einem Leutnant. Ich heiße Guild, und alle Leute sagen Leutnant zu mir. Und wissen Sie, woher das kommt?«

Brenda und ich warfen uns einen Blick zu. »Nein«, sagte ich.

Guild war ein bulliger Mann mit dichten Augenbrauen, die über der Nase zusammengewachsen waren. Seine Hände waren groß und kräftig. Er sah so aus, als würde er jeden Tag damit beginnen, daß er ein paar Bierdosen mit den Fingern zerquetschte.

»Das kommt daher, weil im Fernsehen alle Kriminalbeamten Leutnants sind. Und inzwischen sind wir so weit gekommen, daß jeder der festen Überzeugung ist, auch im wirklichen Leben müßte jeder Polizeibeamte in Zivil ein Leutnant sein.«

»Also gut, Captain. Können Sie uns jetzt sagen, was vorgefallen ist?«

»Weshalb sollte ich? Sie sagen, daß Sie ein Freund der Familie sind. Normalerweise geben wir uns mit Freunden überhaupt nicht ab.« Dann warf er einen Blick auf Brenda und fügte hinzu: »Oder mit Kindern!«

Ich reichte ihm meine Karte. Ich war noch so neu im Geschäft, daß ich mir dabei immer noch ein bißchen komisch vorkam. »Ich bin Privatdetektiv, falls das einen Unterschied macht.«

»Tut es nicht.« Er las meine Karte. »T. Mason und Partner.«

»Du hast doch gar keinen Partner«, sagte Brenda.

»Ich denke eben an die Zukunft.«

»Du meine Güte, ein richtiger Privatdetektiv«, sagte Captain Guild. »Es ist nicht zu fassen.« Er hob spöttisch die Augenbraue.

Ich kämpfte dagegen an, aber es war zwecklos. Ich wurde rot.

»Aber Captain –«

»Wissen Sie, ich bin seit siebzehn Jahren bei der Polizei, und Sie sind tatsächlich der erste, der hierherkommt und behauptet, Privatdetektiv zu sein. Ich komme mir fast vor wie im Fernsehen – als würde ich bei Mannix mitspielen!«

»Mannix wurde abgesetzt.«

»Ich sehe mir immer die Wiederholungen an. Man kann dabei so schön lachen. Ich finde es einfach toll, wenn Mannix auftaucht und den Polizisten erzählt, was sie alles falsch machen. Und nun zu Ihnen, Argusauge. Untersuchen Sie diesen Fall?«

»Ich arbeite für das Mädchen.«

Diesesmal sah er Brenda mit hochgezogenen Augenbrauen an. »Du hast einen Privatdetektiv engagiert?«

»Er ist wirklich gut.«

Er schüttelte den Kopf. »Ich kann es kaum fassen. So was kommt doch wirklich nur im Fernsehen vor. Na schön, Mädchen. Du wartest draußen.«

»Warum?«

»Weil ich Argusauge ein paar unangenehme Dinge mitzuteilen habe und nicht will, daß du sie hörst.«

»Es geht um meine Mami, und ich will dabei sein.«

»Du wartest draußen«, wiederholte Guild.

Ich sagte: »Captain, ich werde es ihr sowieso nachher sagen.«

»Meinetwegen. Solange ich es ihr nicht sagen muß.«

Ich sagte Brenda, sie solle draußen im Gang warten.

Als die Tür sich hinter ihr geschlossen hatte, schüttelte Guild den Kopf. »Das Mädchen hat einen Fehler gemacht, als es einen Detektiv engagierte. Aber wahrscheinlich kann sie sich keinen Anwalt leisten.«

»Was meinen Sie damit?«

»Daß sie einen Anwalt braucht, keinen Detektiv. Ihre Mutter hat gerade ihren Exehemann umgebracht.«

Marlene und Frank, ihr Exmann, hatten sich vor sechs Monaten getrennt – aus diesem Grund war sie auch in die Wohnung gegenüber eingezogen. Die Trennung hatte sie sehr mitgenommen. Um ehrlich zu sein, war sie immer noch nicht ganz darüber hinweg. Wenn es einen Preis geben würde für das Unvermögen, eine Sache zu verwinden, würde sie ihn gewinnen. Im ersten Monat hatte sie die meiste Zeit im Bett verbracht und geweint. Als sie dieses Stadium hinter sich gebracht hatte, kam sie ins Wohnzimmer, stellte den Fernseher an und weinte. Aber in der letzten Zeit hatte sie angefangen, sich ein bißchen zusammenzureißen. Sie hatte sich Arbeit gesucht, und seit sie etwas zu tun hatte und mit Leuten in Berührung kam, schien sie bedeutend glücklicher zu sein.

Aber sie war immer noch mißtrauisch allen Männern gegenüber, eine Einstellung, die meiner Meinung nach durchaus gerechtfertigt ist, aber nicht so extrem, wie Marlene sie vertrat. Aber vielleicht war sie auch gar nicht so extrem. Kaum daß sie sich nämlich ein bißchen von dem Schock der Trennung erholt hatte, beschloß ihr Mann, daß er gern das Sorgerecht für Brenda gehabt hätte. Es gab Prozesse und Berufungen, Anklagen und Gegenanklagen. Es war ziemlich schlimm. Und so war sie schließlich, wie der Captain sagte, gestern nacht in seine Wohnung gegangen, hatte mit ihm gestritten und ihn schließlich erschossen. Am Morgen war sie dann verhaftet worden.

»Ich glaube nicht, daß sie es getan hat«, sagte ich.
»Sie können es ruhig glauben. Wir haben Zeugen. Sie wurde gesehen, wie sie kam und ging. Nachbarn haben den Streit mitgehört.«
»Meinetwegen, sie war also in seiner Wohnung. Das heißt noch lange nicht, daß sie ihn auch umgebracht hat.«
»Kein Wunder, daß Sie von kleinen Kindern engagiert werden. Es spricht alles gegen sie – Motiv, Gelegenheit, Anwesenheit am Tatort. Was brauchen wir mehr?«
»Und was sagt sie dazu?«
»Das übliche. Daß sie da war, ihn aber nicht erschossen hat.«
»Es könnte stimmen.«
»Sicher. Und Sie könnten Mannix sein.«

»Brenda, du mußt zu deiner Großmutter gehen.«
»Ich mag sie nicht. Warum kann ich nicht zu Hause bleiben?«
»Weil du erst neun Jahre alt bist.«
»Neuneinhalb.«

»Meinetwegen. Aber damit bist du immer noch ein paar Jährchen von der Volljährigkeit entfernt und kannst nicht die ganze Nacht allein bleiben.«

»Ich kann doch die Nacht bei dir sein.«

»Das kannst du nicht. Ich werde nicht da sein.«

»Warum nicht?«

»Morgen früh wird über die Kaution für deine Mutter entschieden. Sie wird einen guten Anwalt brauchen. Und wenn ich nicht herausfinde, was letzte Nacht wirklich passiert ist, wird sie einen noch besseren Anwalt brauchen. Also werde ich mich in der Stadt umhören müssen, und dabei kann ich mir keine Sorgen darüber machen, daß du ganz allein in der Wohnung bist.«

»Dann gehe ich eben mit dir.«

»Nein.«

»Warum nicht?«

»Weil ich nicht weiß, wo ich mich überall herumtreiben werde. Manchmal muß man in miese Gegenden gehen und mit unangenehmen Leuten reden. Hör zu, du bleibst bei deiner Großmutter, und ich hole dich ab, wenn ich fertig bin.«

»Versprichst du mir, daß du mich abholst?«

»Ich verspreche es.«

Das Wort Großmutter ist mit vielen Erwartungen behaftet. Man denkt an zierliche alte Damen mit Häkeldeckchen oder Stricknadeln. Diese Frau zerstörte das Klischee. Als sie uns ins Haus bat, überlegte ich, daß sie ihr erstes Kind bekommen haben mußte, als sie in Brendas Alter war. Obwohl sie in den Vierzigern sein mußte, hätte niemand sie auf älter als dreißig geschätzt. Sie hatte lockiges, kurzgeschnittenes braunes Haar und füllte ihre Jeans so gut aus, daß ich fast dachte, eine Fernsehwerbung sei Wirklichkeit geworden. Sie wußte genau, wie sie aussah, und besaß genug Selbstbewußtsein, um bewundernde Blicke als Selbstverständlichkeit zu akzeptieren. Ich konnte mir einfach nicht vorstellen, daß sie tatsächlich zwei erwachsene Töchter haben sollte.

»Ich bin Mona Garfield«, sagte sie. »Nennen Sie mich Mona.«

Ich hatte das Gefühl, einer privilegierten Klasse anzugehören. Ich erzählte ihr, was passiert war und fügte hinzu: »Es macht Ihnen doch nichts aus, eine Weile auf Brenda aufzupassen?«

Sie schüttelte den Kopf. »Marlene ist keine Mörderin.«

»Sie hat überhaupt nichts getan«, sagte Brenda.

»Ich weiß, Liebling.« Sie berührte Brendas Wange. Ich sah, wie Brenda sich alle Mühe gab, die Hand nicht abzuschütteln. »Sie kann so lange bleiben wie es nötig ist, Mr. Mason.«

»Schön, und vielleicht können Sie mir sogar helfen. Der beste Weg, Marlenes Unschuld zu beweisen, ist der, herauszufinden, wer es wirklich getan hat. Es ist eine Tatsache, daß das Opfer die Tür freiwillig geöffnet und die Person eingelassen hat, die ihn –« Ich warf Brenda einen Blick zu und beendete den Satz anders als ich ursprünglich vorgehabt hatte. »– es getan hat. Können Sie sich irgend jemanden denken, der einen Grund dafür gehabt haben könnte?«

»Nein«, sagte sie. »Ich wünschte, ich könnte es, aber ich weiß niemanden.«

»Wie gut kannten Sie ihn?«

»Nicht sonderlich. Gut genug, daß ich versuchte, meiner Tochter die Heirat auszureden, aber ansonsten –«

Eine jüngere Version von Marlene betrat das Zimmer. Einen Augenblick lang wollte ich meinen Augen nicht trauen. Ich dachte tatsächlich, Marlene sei wieder da.

»Was ist los?« fragte sie. »Ich habe Stimmen gehört. Hallo, Brenda.«

»Mr. Mason, das ist meine Tochter Rebecca.«

Ich sagte »Hallo«. Rebecca sah uns alle der Reihe nach an und fragte: »Was geht hier vor?«

»Marlene wird beschuldigt, Frank umgebracht zu haben. Mr. Mason hier –«

Die Augen des Mädchens weiteten sich. Ihre Hand flog zu ihrem Mund, und sie rief: »O mein Gott! Frank ist tot?«

»Ja, Liebling, er –«

»Nein! Nicht Frank! Er kann nicht tot sein!«

Während Mona Garfield zu ihrer Tochter lief, um sie zu trösten, schrie Brenda. Ich nahm sie in die Arme, und sie klammerte sich an mich. »Mein Vati ist tot!« schluchzte sie. »Mein Vati ist tot!«

Ich bestellte ein Bier und wartete, bis meine Augen sich an das trübe Licht der Bar gewöhnt hatten. Es war eine Kneipe, die sich

Mühe gab, Klasse zu zeigen. Man hatte ein paar nachgemachte Tiffanylampen in die Ecken gestellt, und es gab eine kleine Bühne, auf der an Wochenenden Bands spielten. Offensichtlich klappte das Konzept, denn für halb elf Uhr an einem Donnerstagabend waren eine Menge Leute da.

Nachdem wir Brenda beruhigt hatten, sagte Rebecca mir, daß Frank oft in diese Bar ginge. Ich mußte irgendwo anfangen, und nachdem ich einen Anwalt angerufen hatte, für den ich gelegentlich arbeitete, und ihn gebeten hatte, Marlene morgen früh zu vertreten, war ich hierher gefahren.

Ich trank mein Bier und dachte an all die Filme und Taschenbuchkrimis, die mich zu dem Entschluß geführt hatten, daß ich meinen eigenen Roman leben wollte, indem ich Privatdetektiv wurde. Aber auch wenn das dumm und kindisch war, inzwischen hatte ich zuviel investiert, als daß ich aufgeben wollte. Ich zog das Foto von Frank Heller hervor, das ich mir aus Marlenes Wohnung besorgt hatte, und beschloß, mich an die Arbeit zu machen.

»Ja«, sagte ein Mann. »Den kenne ich. Er kommt oft hierher. He, Joanne!« rief er. »Bist du mit diesem Typ nicht mal gegangen?«

»Würdest du das bitte nicht so laut rumposaunen?« Joanne war knapp alt genug, um in eine Bar gehen zu dürfen. Sie hatte helles Haar, das auf eine Art frisiert war, die mich an *Drei Engel für Charlie* erinnerte. »Zeigen Sie das Bild mal her.«

Ich reichte es ihr.

»Das ist Frank Heller«, sagte sie. »Mit dem würde ich um nichts in der Welt gehen. Der Typ ekelt mich an!«

»Warum?«

»Weil er ein Ekel ist, darum.«

»War er gestern abend hier?«

Sie dachte nach. »Ja. Er kam zu mir und hat wie üblich versucht, mich anzumachen. Aber ich habe ihn abblitzen lassen und bin ins Kino gegangen.«

Auch der Barkeeper kannte Frank Heller, aber er hatte gestern abend keinen Dienst gehabt. »Warum soll ich mich ganz allein hier zu Tode langweilen, wenn ich genausogut zu Hause sitzen und mir ein Fußballspiel im Fernsehen anschauen kann«, sagte er.

»Wer hat gestern nacht Dienst gehabt?«

»John Stoddard. Unser Aushilfsmann. Er springt.«
»Er tut was?«
»Er springt. Er hat keine feste Anstellung, sondern arbeitet für verschiedene Leute. Aushilfsarbeit, damit die fest Angestellten auch mal einen Abend freihaben. Er ist ein Springer.«
»Haben Sie seine Telefonnummer?«
»Natürlich.« Er fuhr mit dem Finger über eine Liste, die an die Kasse geklebt war, und schrieb mir Stoddards Adresse und Telefonnummer auf. »Aber heute abend werden Sie ihn nicht erreichen. Wenn er nicht in einer anderen Bar arbeitet, bedient er bestimmt auf einer Privatparty. Der Typ verdient damit mehr als ich.«

Niemand in der Bar konnte sich daran erinnern, wann Heller gegangen war, sei es allein oder in Begleitung, und es sah so aus, als könne nur Stoddard mir weiterhelfen. Ich wählte seine Nummer, und meine einzige Hoffnung verflog. Er war nicht zu Hause, genau wie der Barkeeper gesagt hatte. Ich würde bis zum nächsten Morgen warten müssen.

Als ich vom Parkplatz fuhr, schoß mir jemand die Heckscheibe kaputt. Glasscherben fielen auf den Rücksitz. Instinktiv gab ich Gas und schoß mit quietschenden Reifen davon.

Ich nahm den Fuß nicht vom Gaspedal, bis ich Brenda abgeholt und uns beide nach Hause gebracht hatte. Als ich Brenda in mein Bett legte und mir ein Lager auf der Couch richtete, fühlte ich mich viel besser – Marlene Heller schien immer weniger die Mörderin zu sein. Jemand hatte auf mich geschossen, um zu verhindern, daß ich herausfand, auf wen diese Rolle besser paßte.

Brenda wollte nicht zur Schule gehen. Ich sagte ihr, entweder die Schule oder ihre Großmutter, und sie grollte und beschloß, daß sie dann doch lieber zur Schule gehen wollte.

Nachdem ich sie dort abgesetzt hatte, fuhr ich zum Gerichtsgebäude, wo sich Warren Wright, der Anwalt, den ich angerufen hatte, zu Marlene und mir gesellte. Wir saßen im Gerichtssaal und warteten darauf, daß die Anhörung bezüglich der Kaution anfangen würde.

»Ich habe es nicht getan«, sagte Marlene. »Weshalb soll ich dann Kaution beantragen?«

»Die Polizei ist der Meinung, daß sie ausreichend Verdachtsmomente gegen dich hat. Du warst am Abend seines Todes in seiner Wohnung.«

»Aber ich habe ihn nicht umgebracht.«

»Beeilen Sie sich ein bißchen, Tim«, sagte Wright. »Ich brauche auch noch Zeit mit meiner Klientin.«

»Marlene, ich muß alles wissen, was du mir sagen kannst. Kennst du irgend jemanden oder weißt du einen Grund, weshalb irgend jemand Frank umbringen wollte?«

Sie versuchte zu lächeln. »Das hört sich ja ziemlich schlimm an.«

»Ich habe kaum Anhaltspunkte.«

»Er hat eine neue Freundin. Ich weiß das ganz sicher, aber ich weiß nicht, wer es ist. Er wollte nichts sagen. Wegen der Vormundschaft für Brenda.«

»Aber er hatte eine Freundin. Etwas Ernstes?«

»Ich weiß nicht, wie ernst es war. Er hat mich jedenfalls dauernd angerufen und mir erzählt, wie wundervoll sie sei und was sie alles für ihn tut.« Sie biß sich auf die Lippe. »Er dachte, er könne mich damit quälen, wenn er so mit mir redete.«

Wright und ich sahen uns an. Ihre Stimme verriet ganz deutlich, daß er damit auch Erfolg gehabt hatte.

»Marlene, die Polizei nimmt an, daß du es getan hast, weil er die Vormundschaft für Brenda haben wollte oder aus Wut oder was weiß ich.«

»Ich habe es nicht getan, Tim. Wirklich nicht. Schau, im Grunde genommen wollte er die Vormundschaft überhaupt nicht. Er versuchte nur, mich fertigzumachen. Er war ein Ungeheuer. An Brenda lag ihm genauso wenig wie an mir. Er wollte nur, daß ich noch mehr litt, indem er versuchte, mir Brenda wegzunehmen, nur weil ich nicht mehr erlaubte, daß er sie sehen durfte.«

»Was? Sie haben das Kind nicht mehr zu ihm gelassen?« sagte Wright. »Er hatte doch das Recht dazu?«

»Er benahm sich unmöglich, wenn sie bei ihm war. Er machte einfach ungestört weiter mit Trinken, Drogen, Frauen und was weiß ich. Ich wollte nicht, daß Brenda das alles mitansehen mußte.«

»Haben Sie mit ihm darüber geredet? Eine Eingabe bei Gericht gemacht? Dann hätte er wahrscheinlich zugestimmt, sich zu ändern. Vor allem, wenn es bedeutet hätte, daß er sonst die Besuchserlaubnis für seine Tochter verlieren würde.«

»Ich habe nicht mit ihm geredet«, sagte sie heftig. »Warum hätte ich mit diesem Ungeheuer verhandeln sollen? Ich habe Brenda einfach nicht mehr zu ihm gelassen.« Sie lächelte. »Und es klappte auch. Er war außer sich. Deshalb hat er die Drohungen mit der Vormundschaft angefangen. Aber er konnte mir keine Angst einjagen. Ich wußte, daß er die Vormundschaft nie bekommen würde. Er verdiente es nicht, Brenda bei sich zu haben. Warum sollte ich meine Tochter mit einem Ungeheuer wie ihm teilen?«

»Ich bin fest davon überzeugt, daß sie schuldig ist«, sagte Wright im Gang zu mir. »Hören Sie zu, Tim, ich übernehme die Sache mit der Kaution, aber Sie suchen sich besser einen anderen Anwalt als Strafverteidiger für die Hauptverhandlung.«

»Ich glaube immer noch nicht, daß sie es getan hat.« Und ich erzählte ihm, daß gestern abend jemand auf mich geschossen hatte.

»Tim, Sie waren in einer Bar in keiner sehr feinen Wohngegend, und ein Typ wollte seinen neuen Revolver ausprobieren und hat auf dem Parkplatz ein bißchen herumgeballert. So was kommt ständig vor.«

»Ich glaube nicht, daß sie es getan hat.«

»Werden Sie doch erwachsen. Sie können nicht Ihr Leben lang ein begeisterungsfähiger Jugendlicher bleiben.« Er schüttelte den Kopf. »Mein Gott, was die Leute ihren Kindern nicht alles antun. So etwas erlebe ich jeden Tag. Sie behaupten, daß sie sie lieben, daß sie sie schützen wollen, und dann tun sie alle möglichen schrecklichen Dinge. Sie machen im Namen der Liebe das Leben ihrer Kinder kaputt.«

Der springende Barkeeper trug einen Trainingsanzug. Er kam gerade aus der Tür, als ich zu ihm wollte. Als ich ihm sagte, weswegen ich gekommen war, schüttelte er den Kopf.

»Nein«, sagte er. »Wenn Sie mit mir reden wollen, müssen Sie schon mit mir laufen. Jetzt steht Laufen auf meinem Plan.«

Seit meiner Schulzeit war ich nie mehr gerannt, es sei denn, es war jemand hinter mir her, aber ich fing an, neben ihm herzutraben. Nach etwa fünfzig Metern hatte ich Schwierigkeiten damit, meine Fragen zu stellen. Ich bekam einfach nicht genug Luft. Er lief leicht und locker und sah aus, als könne er ewig so weitermachen. Das T-Shirt mit der Aufschrift »New York Marathon« verstärkte noch diesen Eindruck.

»Sicher kenne ich Frank Heller«, sagte er. »Hat er Schwierigkeiten?«

»Jemand hat ihn umgebracht. Montagnacht.«

»Der alte Frank ist umgelegt worden?«

»Ja«, keuchte ich. »Sie haben am Montagabend im Golden Tree gearbeitet?«

»Wie jeden Montag. Ja, ich habe Heller dort gesehen, falls Sie darauf hinauswollen.«

»Haben Sie gesehen, mit wem er weggegangen ist?«

»War nicht zu übersehen. Eine große, sexy Blondine.«

Vielleicht die neue Freundin. »Kannten Sie die Frau?« Meine Lungen schienen platzen zu wollen, und ich bekam Seitenstiche.

»Hab sie nie zuvor gesehen. Aber sie war Klasse, viel zu gut für eine Kneipe wie den Golden Tree. Mann, das war vielleicht eine Frau. Tolles Kleid, Pelzmantel. Ich weiß noch, daß ich mich gefragt habe, wo, zum Teufel, ein Typ wie Heller an so eine tolle Frau gekommen war. Ich meine, sie war nicht der Typ, der sich von jedem aufreißen läßt. Und Heller war nicht gerade Cary Grant, auch wenn er sich manchmal dafür hielt.«

»Einen Augenblick mal. Hat er sie denn nicht in der Bar kennengelernt?«

»Nein. Sie kam rein, ging direkt zu ihm, als hätte sie ihn gesucht, und er zahlte, und die beiden gingen.«

Brenda wirkte verändert, als sie aus der Schule kam. Oder vielleicht sah ich sie auch nur mit anderen Augen. Ich dachte an Wrights Worte, als sie zu meinem Auto lief.

»Hallo, Tim.« Sie knallte die Tür zu und kurbelte das Fenster hinunter. Obwohl sie den Tränen nahe war, versuchte sie tapfer zu lächeln.

»War es so schlimm?«

»Alle wollten alles darüber wissen. Sie haben alle so getan, als wäre ich jetzt berühmt.«

»Ich hätte dich nicht hinschicken sollen. Es tut mir leid.«

»Warum können die mich nicht einfach in Ruhe lassen?«

»Hör zu, Brenda«, sagte ich. »Ich muß heute nachmittag noch einiges erledigen. Kannst du allein in meiner Wohnung bleiben?«

»Ich muß nicht zu meiner Großmutter?«

»Es ist ja Tag, du kommst schon allein zurecht. Oder meinst du nicht?«

»Kann ich fernsehen?«

»Sicher.«

Dieses Mal brachte sie ein richtiges Lächeln zustande. »Dann komme ich gut allein zurecht.«

»Mr. Mason«, sagte Mona Garfield, »kommen Sie herein.«

»Danke, Mrs. Garfield.«

»Ich dachte, ich hätte Ihnen bereits gesagt, Sie sollen mich Mona nennen.« Sie winkte mich zu einem Platz auf der Couch und setzte sich in den Samtsessel mir gegenüber. »Schließlich sind die Freunde meiner Tochter auch meine Freunde.«

»Mona«, sagte ich, als ich saß, »Sie haben Ihren Schwiegersohn umgebracht.«

Ihre Augen weiteten sich. »Also wirklich, Tim, machen Sie keine solchen Witze.«

»Und Sie haben gestern nacht auf mich geschossen.«

»Mr. Mason, wenn Sie jetzt nicht aufhören, muß ich Sie leider bitten, mein Haus zu verlassen.«

»Wie Marlene sagte, hatte Frank eine neue Freundin.«

»Na und?«

»Und wie der Barkeeper mir sagte, verließ er den Golden Tree mit einer schönen Frau.«

»Der neuen Freundin?«

»Das dachte ich auch zuerst, aber inzwischen bin ich anderer Meinung. Als ich gestern abend hier war, war Rebecca wirklich erschüttert über Franks Tod.«

»Sie sind immer gut miteinander ausgekommen.«

»Mehr als das. Sie war die neue Freundin. Nicht wahr?«

»Rebecca und ein Mann wie Frank? Also wirklich –«

»Sie sagte mir, er ginge oft in den Golden Tree. Sie hörten es ebenfalls. Es war kein Problem für Sie, mir dorthin zu folgen und zu versuchen, mich umzubringen.«

»Mr. Mason, wenn ich Ihren Tod gewünscht hätte, wären Sie jetzt tot. Ich bin ein ausgezeichneter Schütze.«

»Aber wenn Sie mich nur warnen wollten, würden Sie mir die Heckscheibe zerschießen, nicht wahr? Ist Rebecca zu Hause, Mrs. Garfield?«

»Nein, sie ist zur Arbeit gegangen.« Ein leichtes Lächeln flog über ihre Lippen.

»Es ist nicht so wichtig. Die Polizei kann sich später mit ihr unterhalten. Darf ich Ihre blonde Perücke sehen?«

»Wozu das denn?«

»Der Barkeeper sagte, die Frau, mit der Frank Heller wegging, sei blond gewesen. Ich wette um was Sie wollen, daß ich in Ihrem Schlafzimmer eine blonde Perücke finden werde. Die Perücke, die Sie trugen, als Sie Frank Heller in der Bar aufsuchten, mit ihm nach Hause gingen und ihn töteten. Was haben Sie gemacht? Im Schlafzimmer gewartet, bis Marlene gegangen war, und dann geschossen?«

»Wovon reden Sie überhaupt?«

»Sie warnten ihn. Sie sagten, er solle Rebecca in Ruhe lassen. Er weigerte sich, also brachten Sie ihn um.«

Sie wollte es abstreiten, dann zuckte sie mit den Schultern und sagte: »Sie sind wirklich klug, Mason. Sie haben recht. Sie wissen doch, in welcher Verfassung Marlene ist, und da Sie ja direkt neben ihr wohnen, müssen Sie auch mitbekommen haben, in welcher Verfassung sie nach der Trennung war.« Nachdenklich sprach sie weiter. »Glauben Sie vielleicht, ich würde zulassen, daß dieses Insekt meine beiden Töchter so behandelt? Nur weil Rebecca jung und dumm ist, glauben Sie, würde ich zulassen, daß er ihr Leben zerstört?«

»Mrs. Garfield, Sie haben einen Mann getötet.«

»Es war erstaunlich einfach. Ich fühlte nicht mehr Bedauern oder Schuld, als wenn ich eine Mücke zerquetscht hätte.« Ihre Augen funkelten. »Man macht einfach ein Loch in einen Körper, und das Leben fließt heraus.«

»Wir sprechen über einen Menschen!«

»Ein Insekt. Ich habe ihm gesagt, er solle meine Tochter in Ruhe lassen, aber er lachte mich nur aus. Er sagte schreckliche Dinge zu mir. Als er diese Dinge zu mir sagte, konnte ich richtig hören, wie er sie auch zu meinen Töchtern sagte. Er wollte Rebecca ruinieren, um Marlene wehzutun. Hört sich das etwa an, als sei er ein menschliches Wesen gewesen?«

»Sie haben einen Mann getötet, und das ist alles, was ich weiß.«

»Ich hätte nicht zugelassen, daß Marlene dafür ins Gefängnis muß. Ich will auch nicht ins Gefängnis gehen, nur weil ich ein Insekt zertreten habe, aber wenn es meinen Töchtern hilft, gehe ich eben. Haben Sie Kinder, Mr. Mason?«

»Nein.«

»Wenn Sie Kinder hätten, würden Sie mich verstehen. Ich versichere Ihnen, wenn jemand Ihren Kindern das antun würde, was dieses Insekt meinen Töchtern angetan hat, würden Sie genauso handeln wie ich.«

Als ich Brenda ins Gefängnis fuhr, um ihre Mutter abzuholen, wirkte sie fröhlich und glücklich. Sie erzählte mir, wie wundervoll alles von jetzt an sein würde, aber dann wandte sie den Blick ab und wurde sehr still. Ich wußte, daß sie an ihren Vater dachte.

Ich legte ihr die Hand auf die Schulter, und sie drehte den Kopf und warf mir ein Lächeln zu, das mich wünschen ließ, ich hätte auch Kinder. Aber noch während ich mir das wünschte, fing ich bereits an zu zweifeln. Ich fragte mich, was ich wohl tun würde, was für einen Vater ich abgeben würde. Würde ich meinen Kindern auch so wehtun, wie Marlene und Frank diesem Mädchen hier wehgetan hatten und wie Mona Garfield ihren Kindern wehgetan hatte? Und ich fragte mich, was für eine Mutter Brenda selbst später einmal sein würde.

Originaltitel: THE CUSTODY THING. 11/81

Lawrence Block

Goldene Worte

Der Chefredakteur hieß Warren Jukes. Er war ein magerer Mann mit kantigen Gesichtszügen, einem schmalen Mund und langen Fingern. Sein schwarzes Haar färbte sich an den Schläfen leicht grau, was ihn nur noch interessanter wirken ließ. Wie üblich trug er einen modischen dreiteiligen Anzug. Wie üblich kam sich Trevathan im Vergleich zu ihm schlampig und ungepflegt vor, wie ein Bär, der die Trägheit des Winterschlafes noch nicht abgeschüttelt hat.

»Setzen Sie sich, Jim«, sagte Jukes. »Sie wissen, es ist mir immer ein Vergnügen, Sie zu sehen. Bringen Sie schon wieder ein neues Manuskript? Es ist mir einfach unverständlich, wie sie es schaffen, eine Geschichte nach der anderen zu verfassen. Wo bekommen Sie nur die Ideen her? Aber wahrscheinlich haben Sie diese Frage schon so oft gehört, daß sie Ihnen auf die Nerven geht.«

Das tat sie tatsächlich, und es gab noch mehr, was James Trevathan auf die Nerven ging und von dem er die Nase voll hatte. Aber er sagte nur: »Nein, Warren, ich habe keine neue Geschichte geschrieben.«

»Oh?«

»Ich bin gekommen, um mit Ihnen über die letzte zu reden.«

»Aber wir haben doch gestern erst darüber gesprochen«, sagte Jukes verwirrt. »Am Telefon. Ich sagte, sie wäre ausgezeichnet und daß ich mich freute, sie für unser Magazin bekommen zu haben. Wie war noch mal der Titel? Er fällt mir im Augenblick nicht ein.«

»Lückenhaftes Alibi«, sagte Trevathan.

»Stimmt genau. Guter Titel, gute Story, und alles eingebunden in Ihren soliden, bewährten Stil. Wo liegt das Problem?«

»Beim Geld«, sagte Trevathan.

»Knapp bei Kasse, was?« Der Chefredakteur lächelte. »Nun, kein Problem. Ich reiche die Honorarrechnung noch heute nachmittag weiter, dann haben Sie Anfang nächster Woche Ihren Scheck. Ich fürchte, mehr kann ich im Augenblick nicht tun, Jim. Sie wissen ja, es muß alles seinen bürokratischen Lauf nehmen.«

»Es geht mir nicht um die Zeit«, sagte Trevathan, »sondern um die Höhe der Summe. Was zahlen Sie für die Story, Warren?«

»Nun, das Übliche natürlich. Wie lang war die Geschichte noch mal? Dreitausend Wörter, nicht war?«

»Dreitausendfünfhundert.«

»Das wäre dann wieviel? Dreitausendfünfhundert Wörter bei fünf Cents pro Wort machen wieviel? Einhundertfünfundsiebzig. Stimmt das?«

»Das stimmt, ja.«

»Also bekommen Sie Anfang nächster Woche einen Scheck in dieser Höhe, und wenn Sie wollen, kann ich Sie anrufen, sobald ich ihn in Händen habe, und Sie können ihn bei mir abholen. Auf die Weise sparen wir mindestens zwei Tage, die es sonst dauern würde, den Scheck mit der Post zu schicken.«

»Es ist nicht genug.«

»Wie bitte?«

»Das Honorar«, sagte Trevathan. Er hatte Mühe, seinen Text zu sprechen. Er hatte sich auf dem Weg zu Jukes Büro alles überlegt, und da war er bedeutend energischer und überzeugender gewesen als jetzt. »Ich brauche mehr Geld«, brachte er mit Mühe heraus.

»Fünf Cent pro Wort sind – Warren, das ist so gut wie nichts.«

»Wir bezahlen aber soviel, Jim. Wir haben immer nur soviel bezahlt.«

»Genau.«

»Und?«

»Wissen Sie, wie lange ich schon für Sie schreibe, Warren?«

»Schon eine ganze Weile.«

»Seit zwanzig Jahren, Warren.«

»Tatsächlich?«

»Letzten Monat vor zwanzig Jahren habe ich Ihnen eine Geschichte mit dem Titel ›Am seidenen Faden‹ verkauft, Warren. Sie war zweitausendzweihundert Wörter lang, und Sie zahlten mir dafür einhundertzehn Dollar.«

»Na also, da sehen Sie es ja«, sagte Jukes.

»Ich arbeite seit zwanzig Jahren, und ich bekomme heute noch genausoviel wie damals. Alles ist inzwischen gestiegen, nur mein Einkommen nicht. Als ich meine erste Story für Sie schrieb, konnte ich für das Fünfcentstück, das ein Wort mir damals einbrachte, einen Riegel Schokolade kaufen. Haben Sie in jüngster Zeit einmal einen Riegel Schokolade gekauft, Warren?«

Jukes berührte seine Gürtelschnalle. »Wenn ich mir Schokolade kaufen würde«, sagte er grinsend, »würden meine Anzüge mir nicht mehr lange passen.«

»Schokoladenriegel kosten heute zwanzig Cents. Manche sogar fünfundzwanzig. Und ich bekomme immer noch fünf Cents pro Wort. Aber vergessen wir die Schokolade einen Augenblick.«

»Meinetwegen, Jim.«

»Reden wir lieber von Ihrem Magazin. Wieviel kostete es am Kiosk, als sie ›Am seidenen Faden‹ veröffentlichten?«

»Fünfunddreißig Cents, würde ich sagen.«

»Falsch. Fünfundzwanzig. Sechs Monate später stieg der Preis auf fünfunddreißig. Dann gingen Sie auf fünfzig, dann auf sechzig und schließlich auf fünfundsiebzig. Und was kostet es heute?«

»Einen Dollar.«

»Und immer noch zahlen Sie Ihren Autoren fünf Cents pro Wort. Meinen Sie nicht auch, daß das ein bißchen schäbig ist?«

Jukes seufzte schwer, stützte die Ellbogen auf die Tischplatte und faltete die Hände. »Jim«, sagte er, wobei er seine Stimme vertraulich senkte, »Sie vergessen dabei ein paar Dinge. Das Magazin bringt heute nicht mehr ein als vor zwanzig Jahren. Ganz im Gegenteil, unsere Gewinnspanne ist heute kleiner als damals. Kennen Sie sich bei den Papierpreisen aus? Dagegen wirkt der Preis für Schokolade direkt stabil. Ich könnte mich stundenlang über die Papierpreise auslassen, um erst gar nicht zu reden von all den anderen Kosten wie Druck, Versand, um nur einige zu nennen. Es würde Sie auch nicht interessieren. Sie sehen nur den Preis von einem Dollar für das Magazin und denken, daß wir uns eine goldene Nase verdienen. Aber das ist nicht der Fall. Vor zwanzig Jahren waren wir besser dran. Die Preise für alles sind einfach himmelhoch gestiegen.«

»Bis auf den Preis für das Wichtigste.«

»Wie meinen Sie das?«

»Ich meine den Preis, den Sie für den Inhalt zahlen. Schließlich kaufen die Leser das Magazin nur deshalb. Wegen der Stories. Handlung und Charaktere. Prosa und Dialoge. Worte. Deshalb kaufen die Leser, deshalb bezahlen die Leser einen Dollar. Und trotzdem zahlen Sie dieselben Honorare, die Sie schon vor zwanzig Jahren zahlten. Die Autorenhonorare sind der einzige Posten, der sich nicht verändert hat.«

Jukes nahm seine Pfeife auseinander und reinigte sie. Trevathan fing an, über seine eigenen Ausgaben zu sprechen – die Miete, die Lebenshaltungskosten. Als er eine Pause machte, um Luft zu holen, sagte Warren Jukes: »Angebot und Nachfrage, Jim.«

»Was?«

»Angebot und Nachfrage. Glauben Sie vielleicht, ich hätte Probleme, genügend Material zu einem Honorar von fünf Cents pro Wort zu bekommen? Sehen Sie den Stapel von Manuskripten? Das alles ist heute morgen mit der Post gekommen. Neun von zehn dieser Stories stammen von neuen Autoren, die umsonst schreiben würden, wenn sie nur gedruckt würden. Die restlichen zehn Prozent stammen von professionellen Autoren, die verdammt froh darüber sind, wenn sie ihre fünf Cents pro Wort bekommen statt ihre Stories mit der nächsten Post zurück. Sie wissen, daß ich fast alles kaufe, was Sie für uns schreiben, Jim. Ein Grund dafür ist, daß ich Ihre Stories mag, aber das ist nicht der einzige Grund. Der andere ist, daß Sie schon seit zwanzig Jahren bei uns sind und wir unseren alten Freunden gern treu bleiben. Aber offensichtlich wollen Sie jetzt, daß ich Ihr Honorar erhöhe, und wir können niemandem mehr als fünf Cents pro Wort bezahlen, weil wir einfach keinen Spielraum in unserem Budget haben. Also müßte ich, da ich den höheren Preis nicht zahlen kann, Ihre Stories zurückschicken. Ich habe keine andere Wahl.«

Trevathan saß ruhig da und verdaute das ein paar Minuten lang. Es fielen ihm mehrere Dinge ein, die er hätte sagen sollen, aber er ließ sie ungesagt. Er hätte Jukes fragen können, wie sein eigenes Gehalt in all den Jahren gestiegen war, aber was für einen Sinn hatte das schon? Er konnte für fünf Cents pro Wort für das Magazin schreiben, oder es bleiben lassen.

»Jim? Soll ich den Scheck ausstellen lassen, oder wollen Sie ›Lückenhaftes Alibi‹ zurückhaben?«

»Was soll ich denn damit anfangen? Nein, ich nehme die fünf Cents pro Wort, Warren.«

»Wenn ich irgendeine Möglichkeit sähe, höher zu gehen, würde ich –«

»Ich weiß.«

»Ihr Schriftsteller hättet schon vor Jahren eine Gewerkschaft gründen sollen. Warum versuchen Sie eigentlich nicht, einmal etwas anderes zu schreiben? Wir sitzen in der Kostenklemme, und wenn wir für das Material mehr zahlen müßten, müßten wir das Magazin vielleicht ganz einstellen. Aber es gibt ja noch andere Gebiete, wo die Honorare besser sind.«

»Warren, ich habe seit zwanzig Jahren meine Stories geschrieben. Es ist alles, was ich kann. Mein Gott, ich habe einen guten Namen, ich bin einigermaßen bekannt –«

»Sicher, deshalb bin ich ja auch froh, daß Sie für unser Magazin schreiben. So lange ich Chefredakteur bin, und so lange Sie Ihre Stories schreiben wollen, bin ich froh, sie Ihnen abkaufen zu können.«

»Zu fünf Cents pro Wort.«

»Nun –«

»Es ist nicht persönlich gemeint, Warren. Ich bin nur ein bißchen verbittert, das ist alles.«

»Aber das ist doch verständlich.« Jukes stand auf und trat hinter seinem Schreibtisch hervor. »Sie haben es sich von der Seele geredet, und die Luft ist wieder ein bißchen reiner. Jetzt wissen Sie, wo Sie stehen. Jetzt können Sie erleichtert nach Hause gehen und was Sensationelles schreiben, und wenn es Ihrem üblichen Standard entspricht, wird der nächste Scheck schon bald unterwegs sein. So können Sie Ihr Einkommen verdoppeln, finden Sie nicht auch? Verdoppeln Sie einfach Ihre Schreibleistung.«

»Gute Idee«, sagte Trevathan.

»Natürlich, und vielleicht können Sie ja gleichzeitig auch versuchen, auf einem anderen Markt unterzukommen. Es ist nie zu spät, Jim. Der Himmel weiß, daß ich Sie nicht verlieren möchte, aber wenn Sie Schwierigkeiten haben, mit dem auszukommen, was wir zahlen können, dann –«

»Es ist zumindest eine Überlegung wert«, sagte Trevathan.

Fünf Cents pro Wort.

Trevathan saß an seiner alten, schon arg mitgenommenen Schreibmaschine und starrte das weiße Blatt Papier an. Im letzten Jahr war Schreibmaschinenpapier um einen Dollar pro Packung gestiegen, und er hätte geschworen, daß die Qualität gleichzeitig schlechter geworden war. Alles wurde teurer, bis auf seine sorgfältig gewählten Worte. Die wurden noch immer zu fünf Cents pro Wort verhökert.

Es ist nicht zu spät, etwas anderes zu versuchen, hatte Jukes zu ihm gesagt, aber das war eine ganze Ecke leichter gesagt als getan. Er hatte bereits versucht, für andere Märkte zu schreiben, aber nur seine Krimis gelangen ihm wirklich gut. Auf anderen Gebieten schien sein Gehirn einfach keine Ideen produzieren zu wollen. Wenn er versucht hatte, etwas anderes als Kurzgeschichten zu schreiben, Romane zum Beispiel, war er jedesmal hoffnungslos im Sumpf der endlosen Handlung versunken. Sein Fach waren nun einmal Kurzgeschichten. Auf diesem Gebiet war er bekannt und anerkannt, und er produzierte genug, um sich damit am Leben halten zu können, aber –

Aber er hatte genug davon, immer auf jeden Cent achten zu müssen, eine Story nach der anderen herunterschreiben zu müssen. Und er war es einfach müde, sich mit fünf Cents pro Wort durchs Leben zu schlagen.

Was wäre zum Beispiel ein angemessener Preis?

Also, wenn sie ihm fünfundzwanzig Cents pro Wort zahlen würden, könnte er zumindest mit dem Schokoladenpreis Schritt halten. Aber eigentlich konnte man sich nach zwanzig Jahren doch mehr erhoffen, als mit dem Schokoladenpreis Schritt gehalten zu haben. Angenommen, er bekäme einen Dollar pro Wort. Es gab Schriftsteller, die soviel verdienten. Zum Teufel, es gab Schriftsteller, die bedeutend mehr verdienten, Leute, die auf der Bestsellerliste standen, Schriftsteller, die sechsstellige Summen für Drehbücher erhielten, Schriftsteller, die sich reichgeschrieben hatten.

Eintausend Dollar pro Wort.

Der Satz formte sich in seinem Kopf, verblüffend in seiner Einfachheit, und ehe er sich dessen richtig bewußt war, hatten seine Finger die Worte getippt. Er saß da und starrte die Seite an, schob den Wagen vor und tippte den Satz noch einmal.

Eintausend Dollar pro Wort.

Er betrachtete, was er geschrieben hatte, seine Gedanken überschlugen sich, spielten mit Ideen, rüttelten sich auf aus der normalen Routine. Warum eigentlich nicht? Warum sollte er nicht eintausend Dollar pro Wort verdienen? Warum sollte er nicht etwas Neues versuchen?

Warum eigentlich nicht?

Er nahm das Blatt aus der Schreibmaschine, zerknüllte es und warf es in die allgemeine Richtung des Papierkorbs. Er spannte ein neues Blatt ein, starrte die weiße Fläche an, wartete, dachte nach. Schließlich begann er ganz langsam, Wort für Wort, zu schreiben.

Trevathan schrieb seine Stories selten um. Bei fünf Cents pro Wort konnte er sich das einfach nicht leisten. Außerdem hatte er in langen Jahren die Fähigkeit erlangt, schon im ersten Anlauf akzeptable Versionen zu produzieren. Jetzt jedoch versuchte er etwas völlig Neues, und er empfand die Notwendigkeit, sich viel Zeit dabei zu lassen, um es auch richtig und gut zu machen. Immer wieder riß er Ansätze aus der Maschine, die ihm nicht gut genug erschienen, zerknüllte sie und schleuderte sie in den Papierkorb.

Bis er endlich etwas hatte, das ihm gefiel.

Er las es zum vierten oder fünften Mal durch, nahm das Blatt aus der Schreibmaschine und las es erneut. Es war in Ordnung, entschied er. Es war kurz und klar und kam gleich zur Sache.

Er zog das Telefon heran. Als er schließlich durchkam, sagte er zu Jukes: »Warren, ich habe beschlossen, Ihrem Rat zu folgen.«

»Haben Sie eine neue Geschichte für uns geschrieben? Das finde ich prima.«

»Nein«, sagte er, »es handelt sich nicht um eine neue Story, sondern um einen anderen Ratschlag, den Sie mir gaben. Ich fange etwas Neues an, auf einem ganz anderen Markt.«

»Sehr schön«, sagte Jukes. »Und das meine ich ernst. Fangen Sie mit einer größeren Sache an? Einem Roman vielleicht?«

»Nein, es ist eine ganz kurze Sache.«

»Aber einträglich?«

»Sehr sogar. Ich erwarte eintausend Dollar pro Wort für das, was ich heute nachmittag mache.«

»Eintausend –«, Warren Jukes lachte. Es hörte sich wie das Kläffen eines verblüfften Terriers an. »Also, Jim, ich habe zwar keine Ahnung, was Sie vorhaben, aber ich wünsche Ihnen wirklich viel Erfolg dabei. Eines will ich noch sagen. Ich bin verdammt froh, daß Sie Ihren Sinn für Humor nicht verloren haben.«

Trevathan las erneut die Sätze, die er geschrieben hatte:
Ich habe eine Pistole. Bitte füllen Sie den Sack mit dreißigtausend Dollar in gebrauchten Zehnern, Zwanzigern und Fünfzigern, oder ich bin gezwungen, Ihnen ein Loch in den Kopf zu jagen.
»O ja, ich habe immer noch meinen Sinn für Humor, Warren«, sagte er. »Und wissen Sie, was ich tun werde, ich werde mich auf dem Weg zur Bank vor Lachen ausschütten.«

Originaltitel: ONE THOUSAND DOLLARS A WORD. 3/78

Jon L. Breen

Der Geist von Blakemore Downs

Mögen Sie Geistergeschichten? Kommen Sie, hören Sie sich eine an. Der nächste Drink geht auf meine Kosten. Wenn Sie wollen, können Sie die Geschichte auch einen Krimi nennen, wobei der Unterzeichnete als Detektiv auftrat. Ich kann zwar nicht beweisen, daß ich tatsächlich Detektivarbeit geleistet habe, aber es kann auch niemand beweisen, daß es tatsächlich einen Geist gab. Sie mögen keine Krimis? Nun, es ist auch gleichzeitig eine Geschichte über Pferderennen – und ich weiß, daß Sie auf Pferderennen stehen, weil aus Ihrer Jackentasche das heutige Rennprogramm für Santa Anita herausschaut. Gut, was? Ich habe Ihnen ja gesagt, daß ich detektivisches Talent habe.

Ich hörte die Geschichte vor Jahren in einer Bar. Es war keine so billige Bar wie diese hier. Viel gemütlicher, so ähnlich wie ein freundliches englisches Pub. Es war ein Wirtshaus im Osten, in Blakemore Village, einem Ferienort an der Atlantikküste. Heute gibt es das Städtchen nicht mehr. Schon damals gab's es kaum noch. Aber es gab eine Rennbahn, Blakemore Downs. Sie ging bankrott, als überall sonst im Land Pferderennen den großen Boom erlebten. Die Leute dort sagten, daß von Anfang an der Wurm in dem ganzen Unternehmen steckte, aber ein paar Jahre lang lief alles ganz gut. Als ich damals nach Blakemore Village fuhr, war die Stahlkugel der Abrißfirma schon unterwegs. Die Rennbahn war schon seit zwei Jahren nicht mehr in Betrieb. Meine Zeitung hatte mir den Auftrag gegeben, einen letzten Artikel darüber zu schreiben, sozusagen einen nostalgischen Nachruf.

Ich war nicht sonderlich begeistert über den Auftrag, aber ich versuchte trotzdem, mein Bestes zu geben. Mittags ging ich zur Rennbahn und sah sie mir an. Ich redete mit dem Aufseher, dem einzigen menschlichen Wesen auf der ganzen Bahn. Er hieß Billy Duff und war früher einmal Jockey gewesen. Er ritt über das Gelände auf einem alten, grauen Wallach, dem einzigen Pferd, das auf diesem Areal übriggeblieben war, wo vor nicht allzulanger Zeit noch so viele donnernde Hufe dem Ruhm oder der Niederlage entgegengaloppiert waren. Sie können meinetwegen soviel lachen, wie Sie wollen, aber damals mußten Sportreporter so schreiben.

Es stellte sich heraus, daß noch fast alles auf der Rennbahn intakt war. In den Umkleideräumen der Jockeys standen immer noch Regale voller bunter Seidentrikots. Alles war ein bißchen staubig oder mit Unkraut überwachsen, aber man konnte sich gut vorstellen, daß schon morgen das nächste Rennen stattfinden würde, wenn es nur Pferde gegeben hätte, die rennen, und Dummköpfe, die zusehen wollten. Seien Sie nicht gleich beleidigt, alter Freund. Ich bin sicher, daß Sie ganz systematisch wetten und regelmäßig einen Gewinn einstreichen können. Aber genauso sicher werden Sie mit mir übereinstimmen, daß den meisten Ihrer Sportsfreunde der gesunde Menschenverstand abhanden gekommen ist, mit dem sie geboren wurden.

Ich holte aus Duff heraus, was ich aus ihm herausholen konnte, aber er war ein schweigsamer Mensch, der nicht viele Geschichten zu erzählen hatte, und so hatte ich schon bald das traurige Gefühl, daß mein Artikel nicht sonderlich aufregend werden würde. In den vierzig Jahren, in denen Blakemore Downs existierte, waren einige wirklich gute Pferde hier zum Rennen angetreten. Aber ich hätte gern etwas mehr gebracht als nur einen Spaziergang durch die alten Zeitungen und Rennlisten.

An jenem Abend ging ich in ein Wirtshaus im Ort, setzte mich an die Theke und bestellte mir einen Drink. In jenen Tagen tat ich das, weil ich Informationen suchte, die Atmosphäre eines Ortes spüren wollte, also nicht nur, weil ich Lust hatte, mich zu betrinken. Heute habe ich diese Entschuldigung nicht mehr, aber wenn ich damals in ein Wirtshaus ging, steckte ich voll in der Arbeit.

Es waren nur ein paar Stammgäste da, und sie behandelten mich freundlich. Zu jener Zeit kamen schon lange keine Feriengäste mehr nach Blakemore Village, und zum größten Teil drehte sich die Unterhaltung darum, Gründe dafür zu finden, weshalb die Stadt im Sterben lag. Es ging sehr philosophisch zu. Und man kam zu dem Schluß, daß dies der Lauf der Welt sei – Aufschwung heute, Ruin morgen.

An einem Tisch in der Ecke, abseits von den anderen, saß ein hagerer, düster wirkender Mann von etwa sechzig Jahren. Er beteiligte sich nicht an der Unterhaltung, sondern konzentrierte sich darauf, ein Bier nach dem anderen zu trinken. Der Barkeeper versorgte ihn in regelmäßigen Abständen mit einem neuen Glas, offensichtlich in Folge eines fast unsichtbaren Zeichens des Gastes, und die anderen Stammgäste warfen gelegentlich voyeuristische Blicke in seine Richtung.

Pünktlich um acht Uhr kam Billy Duff auf ein Bier durch die Tür, eine Gewohnheit, nach der man die Uhr stellen konnte. Er war freundlich, aber kein bißchen gesprächiger als am Tag auf der Rennbahn. Auch er warf dem Mann in der Ecke einen interessierten Blick zu. Offensichtlich kannte er ihn, aber er machte keine Anstalten, zu ihm zu gehen und ihn zu begrüßen. Ich bot ihm an, ihm ein Bier zu spendieren, aber er versicherte mir, daß ein Glas sein Limit sei, und er ging wieder pünktlich um Viertel nach acht.

Ich blieb noch und plauderte weiter mit den anderen Gästen. Ich genoß die allgemeine Atmosphäre von Heiterkeit und Geselligkeit, und außerdem hatte ich das Gefühl, daß ich eine interessante Geschichte zu hören bekommen würde, wenn der Mann am Ecktisch erst einmal gegangen wäre. Ob die Geschichte mir bei meinem Artikel über die Rennbahn nutzen würde, konnte ich natürlich nicht sagen, aber ich war bereits an einem Punkt angelangt, an dem mir das egal war.

Und gegen zehn Uhr stand der Mann am Ecktisch tatsächlich auf, schlurfte mit schwankender Würde zur Theke, bezahlte seine Zeche und verschwand durch die Tür.

Kaum daß er außer Hörweite war, sagte der Wirt: »Der alte Stu. Ich hab ihn schon seit Jahren nicht mehr hier gesehen.«

Die anderen Gäste nickten oder brummten zustimmend.

Ich mußte einfach fragen: »Wer ist der Mann denn?«

»Stuart Gallon. Er war Pferdetrainer. Er war jahrelang der erste Trainer hier.«

»Es muß schlimm für ihn sein, daß die Rennbahn jetzt abgerissen wird«, bemerkte ich.

Einer der anderen Gäste grinste. »Vielleicht auch nicht.«

Ich lächelte. »Macht schon, Jungs. Es gibt doch über den Typ eine Geschichte zu erzählen. Also erzählt sie schon.«

»Sie werden sie aber wahrscheinlich nicht verwenden können. Es ist eine Art Geistergeschichte«, sagte der Wirt.

Ich zuckte mit den Schultern. »Ich glaube nicht an Geister – aber vielleicht tun's meine Leser.«

»Okay.« Der Wirt sah über meine Schulter zum Fenster und lächelte. »Wir bekommen Nebel«, sagte er. »Manchmal ist er so dick, daß man die Hand vor Augen nicht mehr sehen kann.«

»Sparen Sie sich die gespenstische Umgebung«, sagte ich grinsend. »Mir können Sie sowieso keine Angst einjagen. Erzählen Sie mir nur die Geschichte, und ich sorge dann schon dafür, daß an den richtigen Stellen der Wind pfeift und heult. Und«, fügte ich hinzu, »eine neue Runde auf meine Rechnung.« Es konnte nicht schaden, die Zungen noch ein bißchen mehr zu lockern.

»Wir haben hier oft Nebel«, sagte der Wirt. »Das ist zum Beispiel ein Faktor, der nicht gerade günstig war für die Rennbahn. Manchmal war es so neblig, daß man das Rennen überhaupt nicht sehen konnte. Nur die Anzeigetafeln verrieten einem, wer gewonnen hatte. Vor allem auf der Geraden hätten die Jockeys sich verprügeln, unterhalten oder küssen können, und keiner auf der Tribüne hätte es auch nur vermutet.

Aber das nur am Rande. Der Mann, der gerade gegangen ist, Stu Gallon, war auf der Rennbahn nicht sehr beliebt. Ob zu Recht oder Unrecht, kann ich nicht beurteilen.«

»Zu Recht natürlich«, sagte einer der Gäste, ein kleiner alter Mann mit ledriger Haut. Auch ein Ex-Jockey? fragte ich mich.

»Ich weiß, daß das deine Meinung ist, Fred. Aber aus eigener Erfahrung weiß ich nur, daß er der Meinung war, es sei das Beste für die Pferde, sie so oft wie möglich ins Rennen zu schicken. Er sagte, ein Rennen sei für die Pferde kaum anstrengender als das Training, und er könne sie genausogut für Geld laufen lassen, anstatt sie nur sinnlos über die Trainingsbahn traben zu lassen. Manche Leute sagen, daß das brutal ist, aber das kann ich nicht beurteilen.«

Fred sagte hitzig: »Es war ja nicht nur das, Charley. Viele gute Trainer waren der Ansicht, es schade den Pferden nicht, sie so oft wie möglich ins Rennen zu schicken. Aber Stu Gallon war ein harter Mann. Er haßte Pferde, und damit ist schon alles gesagt. Er ließ sie rennen, wenn sie nicht richtig spurten, und er benutzte die Peitsche, sobald ein Pferd ihn nur schief ansah. Und mit Menschen ging er auch nicht besser um. Ich wäre am liebsten hingegangen und hätte ihm die Nase eingeschlagen, als er heute abend hier auftauchte, aber wahrscheinlich ist er schon genug gestraft worden für das, was er tat.«

»Auf jeden Fall«, sagte der Wirt, »wollen wir es für die Geschichte erst einmal dabei belassen, daß Stu Gallon auf der Rennbahn nicht beliebt war. Leute, die für ihn arbeiteten, blieben nie sehr lange. Aber er war ein erfolgreicher Trainer.

Und nun zu dem besten Pferd, das Stu Gallon jemals im Training hatte. Es war ein grauer Wallach namens Silbergeist. Haben Sie je von ihm gehört?«

Ich schüttelte den Kopf. Dabei kannte ich damals fast alle guten Pferde.

»Das alles ist natürlich schon dreißig Jahre oder noch länger her, und Silbergeist hatte nie die Chance zu zeigen, was wirklich in ihm steckte, aber er war ein gutes Pferd. Nicht wahr, Fred?«

Fred nickte feierlich. »Er hätte ein großartiges Pferd sein können. Und er war schön. Er war fast weiß, und das zu einer Zeit, in der graue Pferde auf amerikanischen Rennbahnen praktisch eine Neuheit waren. Ich weiß noch, daß die Leute immer sagten, graue Pferde bringen Unglück. Aber ich habe natürlich nie an so etwas geglaubt.«

Der Wirt, der sich im Laufe des Abends als bester Erzähler der Gruppe herausgestellt hatte, nahm den Faden wieder auf. »Nun, Silbergeist wurde der Liebling der Rennbahnbesucher, zum einen wegen seines Stils, und zum anderen auch wegen seiner Farbe. Im ersten Jahr gewann er vier Rennen in den Blakemore Downs, und zwar jedes gegen eine härtere Konkurrenz. Und jedesmal ging er als letzter in die erste Kurve, und auf der hinteren Geraden war er manchmal fünfzehn bis zwanzig Längen hinter dem Anführer der Gruppe, aber in der letzten Kurve fing er dann plötzlich an, in die Gänge zu kommen und loszulegen. Wenn er dann in die Zielgerade ging, schob er sich der Reihe nach an seinen Konkurrenten vorbei, und irgendwie schaffte er es immer, seinen grauen Hals als erster ins Ziel zu bringen. Die Zuschauer waren immer wieder davon begeistert, das können Sie mir glauben. Und ich muß sagen, daß ich damals oft auf ihn setzte und nie enttäuscht wurde.«

Fred verzog sein Gesicht zu einem Lächeln. »Du hast Glück gehabt, Charley. Ich durfte immer nur seinen Staub schlucken.«

»Nun, die Woche des Blakemore Handicap kam. Das war

damals ein wirklich großes Rennen. Pferde kamen von überall her. Ein Jahr sollte sogar Equipoise kommen –«

»Und ein anderes Jahr«, sagte Fred, »sollte Seabiscuit kommen.«

Ich lachte. »Und wer kam tatsächlich?«

»Viele gute Pferde kamen«, sagte Fred. »Es war wirklich ein großes Rennen.«

»Sicher«, sagte ich. »Ich kann mich noch gut daran erinnern.«

Das besänftigte die Gemüter. Charley fuhr fort. »Nun, in jenem Jahr redeten alle nur von Silbergeist, und ob er gut genug sei, das große Feld herauszufordern, das an diesem Samstag an den Start gehen würde. Er hatte die besten Pferde in der ganzen Gegend geschlagen, aber noch nie war er gegen so schnelle Pferde angetreten, wie jetzt mitliefen. Ich weiß noch, daß am Dienstag der Rennwoche das Gerücht umging, er hätte sich in seiner Box verletzt, und es sei noch zweifelhaft, ob Stu Gallon ihn laufen lassen würde. Die ganze Woche über stand es auf der Kippe. Aber am Samstag, wie eigentlich nicht anders zu erwarten gewesen war, stand sein Name auf der Startliste.

Das Wetter an jenem Tag war typisch für das Wetter, das die Blakemore Downs über Jahre hinweg heimsuchte –«

»Nicht nur die Downs, sondern die ganze Stadt«, bemerkte ein anderer Gast.

»Stimmt. Der Nebel kam auf. Die Leute auf der Tribüne – ich selbst war nicht da, ich mußte meine Bar offenhalten – konnten nur die erste Gerade sehen. Hinter der Kurve, also vor allem auf der hinteren Geraden, war alles im Nebel verschwunden. Alles in allem war es kein günstiger Tag für das große Rennen, aber die Tribüne war trotzdem voll. Und als es an der Zeit war, trabte Silbergeist mit Ike McCann an den Start.«

Fred hob sein Glas wie zu einem Trinkspruch. »Ein großartiger Reiter«, sagte er.

»Einige der Leute, die da waren, sagten, Silbergeist hätte lahm ausgesehen.«

»Heutzutage hätte der Tierarzt ihn nicht zum Rennen zugelassen«, sagte Fred. »Aber damals war man noch nicht so vorsichtig.«

»Meinen Sie auch, daß Silbergeist lahm aussah?« fragte ich Fred.

»Ich war nicht da. Ich hatte an jenem Tag in New York zu tun.

Und ich bin froh, daß ich es nicht miterleben mußte.«

Ich sah die anderen Gäste an. »War überhaupt jemand von Ihnen dabei?«

Natürlich war keiner dabeigewesen. Ich seufzte. Was man mir da auftischte, war also eine Geschichte aus zweiter oder sogar dritter Hand. Und überhaupt, sollte es nicht eine Geistergeschichte sein? Wo blieb der Geist?

»Ich habe Fotos gesehen«, sagte Charley. »Und auf den Fotos hatte er das rechte Vorderbein bandagiert. Wir alle wissen, daß jede Bandagierung die Leute mißtrauisch macht. Aber nur ein Bein zu bandagieren! Da hätte man genausogut ein Schild mit der Aufschrift ›Lahm!‹ um den Hals des Pferdes hängen können.

Es war ein großes Feld – fünfzehn Pferde. Es war ein Rennen über zweitausend Meter, sie umrundeten die Bahn also einmal. Silbergeist fiel schon gleich nach dem Start hinter das Feld zurück. Aber er schien ganz einwandfrei zu laufen, und die Fans jubelten ihm und Ike McCann zu, als das Feld an der Tribüne vorbeifegte. Es sah eher so aus, als sei Silbergeist dichter am Feld dran als üblich, dann kam die Kurve, und hinter dem Klubhaus fing dann der Nebel an, und nichts war mehr zu sehen.«

Charley machte eine dramatische kleine Pause und sagte dann mit düsterer Stimme:

»Mein Freund, fünfzehn Pferde verschwanden im Nebel, und nur vierzehn tauchten daraus wieder auf. Erst sehr viel später erfuhren die Zuschauer, daß Silbergeist auf der hinteren Geraden gestürzt war und sich ein Bein gebrochen hatte. Das rechte Vorderbein. Der Tierarzt tötete ihn auf der Stelle. Aber was noch schlimmer war – Ike McCann war unglücklich auf den Kopf gestürzt, und nach ein paar Tagen im Koma war auch er tot.«

»Es war eine furchtbare Tragödie«, sagte Fred. »Silbergeist wurde auf der Rennbahn begraben. Ikes Familie sorgte dafür, daß Ike ein Grab auf einem richtigen Friedhof bekam, aber so wie ich ihn kenne, hätte er bestimmt lieber neben Silbergeist gelegen. Er liebte dieses Pferd.«

»Und er haßte Gallon«, sagte Charley.

»Klar, beides kam zusammen.«

»Alle waren der Meinung, daß Gallon das Pferd hatte antreten lassen, obwohl er es besser im Stall gelassen hätte«, sagte Charley.

»Und alle hatten recht«, sagte Fred. »Er hätte es nicht an den Start lassen dürfen.«

»Bis dahin war Stu Gallon nur bei den Leuten unbeliebt gewesen, die ihn kannten. Jetzt wurde er von einer Welt von Pferdeliebhabern gehaßt, die ihn noch nie im Leben gesehen hatten. Stu Gallon war zum meistgehaßten Mann auf den amerikanischen Rennbahnen geworden.«

Das war ein bißchen übertrieben, dachte ich. Bis dahin hatte ich nämlich noch nie etwas von Stu Gallon gehört.«

»Eine Zeitlang«, fuhr Charley fort, »schien das jedoch keine Auswirkungen auf Gallons Laufbahn zu haben. Wie ich schon sagte, war er ein guter Trainer, so gemein er auch sein konnte, und seine Pferde gewannen immer genug Rennen. Aber dann fing alles an, schiefzugehen. Wir sollten Ihnen von einem bestimmten Morgen im Oktober erzählen, vor ungefähr dreißig Jahren. Es war während des Morgentrainings auf der Rennbahn, und wir hatten einen Nebel so dick wie Erbsensuppe. Du warst dabei, Fred, nicht wahr?«

Der Exjockey nickte. »Ja, ich kann Ihnen diese Episode aus erster Hand erzählen. Es war ein furchtbarer Morgen, aber das Training der Pferde ging wie üblich weiter. Die Kontrolleure mußten scharf aufpassen. Schließlich wollte man nicht, daß es in diesem dicken Nebel zu Zusammenstößen kam. Die Pferde waren dafür zu teuer. Oh, wahrscheinlich wollten sie auch nicht, daß einer von uns Jockeys sich dabei den Kopf einrannte, aber wir waren nicht so wichtig wie die Pferde.

Ich weiß noch, daß ich auf einer zweijährigen Fuchsstute saß. Den Namen weiß ich nicht mehr, sie war nichts Besonderes. Wir waren gerade am Einlaß auf der hinteren Geraden, wo man direkt von den Ställen aus hinkam, um zu trainieren. Die Bahn war gerade gesäubert worden, also hatte schon seit mehreren Minuten niemand mehr die Erlaubnis bekommen, loszureiten. Der Trainer der Stute und ich wollten sie gerade an den Start bringen, der Kontrolleur hatte uns schon die Erlaubnis zugenickt, als plötzlich dieser große graue Wallach wie ein Sturmwind aus dem Nebel auftauchte. Er war wahnsinnig schnell, und der Junge auf seinem Rücken trieb ihn wie rasend an. Als er an uns vorbeifegte, stammelte der Kontrolleur, daß er niemanden auf die Bahn gelassen hatte, und wo, zum Teufel, der Graue bloß hergekommen sei. Er sagte seinem Vorreiter, er solle Pferd und Mann hinterhersetzen, aber der Vorreiter wurde leichenblaß und sagte zu ihm: ›Ich nicht, Boss. Ich jage keine Geister.‹

›Geister!‹ schrie der Kontrolleur ihn an.

›Ja, Geister‹, sagte er. ›Meinetwegen können Sie ruhig über mich lachen, aber das war Silbergeist mit Ike McCann auf dem Rücken.‹

Wir lachten ihn aus, aber nicht lange. Denn niemand schaffte es, das graue Pferd und seinen Reiter zu finden. Der einzige andere Ausgang der Bahn liegt an der Vorderseite, und dort arbeitete den ganzen Morgen über ein Mann, der fest behauptete, an ihm sei kein Pferd vorbeigekommen. Soweit irgendein Mensch das beurteilen konnte, existierten das Pferd und sein Reiter nicht, bis auf jenes kurze Stück auf der Bahn, aus dem Nebel heraus und wieder hinein.

Und am gleichen Morgen ertrank Stuart Gallons kleine Tochter.«

»Jemand hat seine Tochter ertränkt?« fragte ich.

»Nein, nein, es war ein Unfall«, sagte Charley. »Meine Güte, niemand, egal wie sehr er auch Stuart Gallon hassen mochte, hätte sich gewünscht, daß so etwas Schreckliches passiert. Es passierte im Swimmingpool von Gallons Hotel. Es war eine traurige Sache. Der Tod eines Kindes ist immer eine traurige Sache. Und Stu Gallon liebte die Kleine wirklich. Niemand ist durch und durch schlecht. Gallon war nur zum allergrößten Teil schlecht.«

»Haben Sie den Geist noch einmal gesehen, Fred?« fragte ich.

»Nein, ich nicht.«

»Aber er wurde wieder gesehen«, sagte Charley. »Mehrmals sogar. Immer an nebligen Morgen. Leute, die ich kenne, haben ihn gesehen. Leute, die oft hierherkamen.«

Ich sah die versammelten Gäste an. Schon wieder keine Augenzeugen.

Ich glaube, Charley merkte, daß ich das Interesse verlor. Er beugte sich über die Theke und sah mir fest in die Augen. »Und jedesmal, wenn das graue Phantom auftauchte, stieß Stu Gallon wieder etwas Schreckliches zu, so als ob Ike und Silbergeist aus dem Grab heraus ihre Rache an ihm nehmen wollten. Als das Pferd zum zweitenmal auftauchte, starb Stu Gallons Frau. Am selben Tag. Dann brannte sein Haus ab. Dann verlor er seinen Job bei den Lakehills Ställen, und das warf ihn endgültig aus der Bahn.«

»Ich war überrascht, ihn heute hier zu sehen«, sagte Fred.

»Ja, er war schon seit Jahren nicht mehr hier.«

Ich hatte das Gefühl, für einen Abend genug zu haben – genug Alkohol und genug Geistergeschichten. Nicht etwa, daß ich Angst gehabt hätte. Ich fragte mich bloß, ob sie das alles nur erfunden hatten. Als ich schwankend auf die Füße kam, fragte ich Fred: »Nach all den schlimmen Dingen, die ihm passierten, haben die Leute ihm da die Dinge vergeben, die er in seiner Vergangenheit getan hatte?«

»Nun, ich habe nie gehört, daß all sein Unglück Stu Gallon zu einem freundlicheren Mann gemacht hätte. Und einige der Dinge, die er damals tat, sind einfach Dinge, die man nie mehr vergessen kann, und auch nicht vergeben.«

Ich wünschte der Versammlung eine gute Nacht, zahlte und suchte mir durch den Nebel meinen Weg zu Blakemore Villages letztem sogenannten Hotel. Dort sah ich den ehemaligen Trainer Stu Gallon in der Halle sitzen und ins Leere starren. In seinen Augen lag ein merkwürdig gehetzter Ausdruck.

Ich muß gestehen, daß ich trotz allem sehr gut schlief in jener Nacht. Keine Alpträume. Und falls ich einen gehabt hätte, wäre es bestimmt darum gegangen, was ich meinem Chef sagen sollte, wenn ich ohne eine gute Story zurückkam.

Ich schlief wie üblich bis in den späten Morgen. Als ich um elf Uhr auf die Straße trat, hatte der Nebel sich gelichtet, und es war ein heller, sonniger Tag. Ich überlegte, ob ich versuchen sollte, mehr Material für meinen Artikel aufzutreiben, oder ob ich mit dem wenigen, das ich bereits hatte, in die Stadt zurückfahren sollte, um das Beste daraus zu machen. Als ich am Wirtshaus vorbeikam, machte Charley gerade auf. »Sie haben aber einen ganz schön langen Arbeitstag«, sagte ich.

»Tja, so ist das nun einmal in einer Kleinstadt. Man muß für alle jederzeit geöffnet haben. Haben Sie schon gehört, was heute morgen auf der Rennbahn passiert ist?«

»Nein. Hab ich tatsächlich etwas verpaßt?«

»Der Polizist kam vor ein paar Minuten vorbei und hat es mir erzählt. Stu Gallon ist tot. Man hat ihn auf der Rennbahn gefunden.«

»Was hat er denn da gewollt?«

»Die Männer, die ihn fanden, sind von der Abrißfirma, die nächste Woche mit der Arbeit anfangen wird. Sie sagten, er hätte auf Silbergeists Grab gelegen. Sie sagten, er hätte eine Schaufel in der Hand gehabt. Es sieht so aus, als hätte er gegraben.«

Ich muß sagen, daß mir in diesem Augenblick, im hellen Sonnenlicht des Vormittags, mehr Schauer über den Rücken liefen als in der Nacht zuvor in der düsteren, nebligen Atmosphäre des Wirtshauses.

»Wissen Sie, was ich glaube?« sagte Charley. »Ich glaube, daß Silbergeist und Ike McCann heute morgen ein letztes Mal aufgetaucht sind.«

Und, wie ich es mir in den letzten Jahren oft überlegt habe, ist wahrscheinlich genau das auch tatsächlich passiert – in gewisser Weise.

Man stellte fest, daß Stuart Gallon an Herzschlag gestorben war, vermutlich eine Folge der Anstrengung beim Graben. Oder er hatte etwas gesehen, das ihn zu Tode erschreckt hatte. Ein Geisterpferd mit seinem Reiter, die aus dem Nebel auf ihn zujagten? Vielleicht.

Ich dachte an den alten Exjockey Billy Duff, der sich um die verlassene Rennbahn kümmerte. Und ich dachte an seinen alten grauen Wallach, das einzige Pferd auf der Bahn. Und ich dachte an die Umkleideräume, in denen noch immer die seidenen Trikots hingen, einschließlich des Trikots, das Ike McCann getragen hatte, als er Silbergeist ritt. Und ich dachte, ob das, was Stu Gallon zu Tode erschreckt hatte, nicht auch ein Reiter aus Fleisch und Blut gewesen sein könnte, der auf einem Pferd aus Fleisch und Blut durch den Nebel ritt – eine bewußt todbringende Maskerade. Es hätte ein Akt langgehegten, brennenden Hasses gewesen sein können. Oder ein Gnadenakt.

Oder ein Geist, ganz wie Sie wollen.

Originaltitel: SILVER SPECTRE. 3/80

James McKimmey

Naturgesetz

Alan Ambleton saß an seinem riesigen Eichenschreibtisch und beobachtete, wie der Minutenzeiger der Uhr langsam zur vollen Stunde vorrückte. Wenn Edward Harms noch am Leben war, würde das Telefon bald klingeln. Es war wieder Zeit für Harms' jährlichen Anruf, in dem er wieder dieselbe Summe verlangen und die Drohung wiederholen würde, die er seit sieben Jahren jedes Jahr aussprach. Und wenn Ambleton das Geld nicht unverzüglich abschickte, würde Harms in Ambletons modernes, mit Sonnenenergie betriebenes Haus am Rand der Klippen einer kleinen Bucht in Kalifornien kommen und ihn umbringen.

Der Minutenzeiger erreichte die Zwölf. Das Telefon klingelte. Ambleton spürte, wie der Zorn ihm das Blut in die Wangen trieb, als er die Hand ausstreckte und den Hörer abhob. Er sagte: »Harms, nicht wahr?«

»Genau richtig«, antwortete die heisere Stimme, die immer so klang, als komme sie vom Grunde eines großen, leeren Metallcontainers. »Wir haben den zweiundzwanzigsten Januar, Zeit für Sie, die fünfzigtausend Dollar abzuschicken. Dieses Jahr senden Sie das Geld an meinen Namen postlagernd nach La Hondo, Kalifornien 94020.«

Ambleton starrte auf die verschiedenen Gegenstände auf seinem Schreibtisch, und er spürte, wie sein Herz schneller schlug. Er tastete nach dem zierlichen Mikroskop aus dem 18. Jahrhundert, das aus solidem Messing bestand. Ebenfalls auf dem Tisch standen zwei geschliffene Kristallkaraffen, die eine mit Brandy gefüllt, die andere mit Scotch. Daneben ruhte eine Schreibfeder in ihrem Messinghalter, zu dem ein passendes Tintenfaß gehörte. Ambleton öffnete ärgerlich den Deckel und stellte fest, daß das Tintenfaß leer war. In letzter Zeit war es verdammt schwierig, gute schwarze Tinte zu finden, und er hatte seinen achtjährigen Sohn Kevin gebeten, sich in der Stadt danach umzusehen. Er klappte den Deckel mit einem lauten Klicken zu und sagte: »Und was ist, wenn ich es dieses Jahr nicht tue, Harms?«

»Ich dachte, das hätte ich bereits bei früheren Anrufen deutlich genug gesagt, Sir«, sagte Harms, fast so, als sei er immer noch der Diener, der er einst gewesen war.

»Ich denke, ich werde Sie dieses Mal enttäuschen«, sagte Ambleton.

»Vielleicht sollte ich Sie dann daran erinnern, Sir, was heute vor genau sieben Jahren passiert ist. Damals, als Sie den Schädel von Mrs. Ambleton mit dem Messing-Kerzenleuchter einschlugen.«

Ambleton schloß die Augen.

Es hatte den ganzen Morgen über geregnet. Nebelschwaden waren vom Ozean herangetrieben, hatten sich über dem Teich beim Haus gelegt und hingen in den Bäumen. Janice war von ihrem Waldlauf zurückgekommen. Ihr alter Trainingsanzug aus Baumwolle war völlig durchnäßt, und sie roch wie ein nasses Schaf. Weit entfernt davon, attraktiv zu sein, klein und muskulös, das blonde Haar auf dem kleinen Kopf strähnig, kam sie in Ambletons Arbeitszimmer mit dem für sie typischen mißmutigen Gesichtsausdruck.

»Sieh mal an, Ambleton sitzt bei seiner Lieblingsbeschäftigung, dem Nichtstun«, sagte sie.

»Ich denke nach«, erwiderte er und versuchte, Ruhe und Würde zu wahren.

»Womit denn?« fragte sie, nahm eine der Karaffen und zog den Stöpsel heraus.

Ambleton zwang sich dazu, nichts zu sagen. Er war Umweltwissenschaftler, hatte sich alles Wissen selbst angeeignet und vertrat das Konzept, daß alle Energie darauf verwandt werden sollte, Systeme neu zu schaffen, anstatt die alten zu erhalten. Er war an der Planung autarker Agrarökologien interessiert und glaubte fest daran, daß Denken, nicht Handeln die wesentliche Voraussetzung sei. Und weil er von dieser Nichtstun-Philosophie vollkommen überzeugt war, hatte er Janice geheiratet, und zwar aus keinem anderem Grund als dem des riesigen Vermögens, das sie geerbt hatte. Wenn man nichts tat, verdiente man nur selten viel Geld. Aber gelegentlich, wie zum Beispiel an diesem regnerischen Tag, zahlte er einen hohen Preis für das Privileg, nicht arbeiten zu müssen.

»Das Nichtstuer-Wunder der Welt!« Sie hob die Karaffe und

trank daraus. Anschließend ergoß sich ein weiterer Schwall verächtlicher Worte aus ihrem Mund. Insbesondere warf sie ihm vor, keines einzigen originellen Gedankens fähig zu sein. Als sie endlich mit ihrem Gekeife fertig war, hatte sie nicht nur die Karaffe geleert, sondern ihn so wütend gemacht, wie er es nicht für möglich gehalten hätte.

Also war er aufgestanden, hatte den großen Kerzenhalter aus der Alten Welt gepackt und ihr auf den Schädel gehauen.

Sie war zu Boden gestürzt und mit Blut im regennassen Haar liegengeblieben.

Allmählich kam Ambleton wieder zu Sinnen und merkte, daß jemand in der Tür gestanden und die ganze Szene mitangesehen hatte – Harms, der Diener, den Janice unbedingt in dem abgelegenen Haus hatte haben wollen.

Harms war ein großer, starker Mann in mittleren Jahren, dessen angsteinflößendes Aussehen – vor allem der kahlrasierte Schädel – einen an einen Hunnenkrieger erinnerte. Er war ungewöhnlich stark. Er konnte mit den bloßen Händen Holzscheite für den Kamin in zwei Stücke brechen. Abgesehen davon besaß er die Bösartigkeit eines wilden Tieres, ein Charakterzug, den er zweimal unter Beweis gestellt hatte, als der Hühnerstall einmal von einem Fuchs, das andere Mal von einem Coyoten geplündert worden war. Beide Male hatte er darauf gelauert, daß das Tier einen zweiten Versuch unternahm. Dann hatte er jeweils das Tier im Hühnerstall gefangen, war hineingegangen und hatte sich zum Kampf gestellt, hatte die Tiere mit seinen Pranken zu Tode geprügelt und mit blutrünstiger Brutalität in Stücke zerrissen.

Aber an diesem regnerischen Tag, als Ambleton seine eigene Animalität gezeigt hatte, indem er seine Frau tötete, war Harms ruhig und gelassen geblieben und hatte sachlich und selbstbewußt mit seiner heiseren Stimme gesagt: »Das Baby schläft in seinem Zimmer, Sir. Warum gehen Sie nicht für eine Weile hinauf zu dem Jungen, während ich mich hier unten um alles kümmere. Ich versichere Ihnen, daß alles geregelt werden wird.«

Ambleton ging gehorsam in Kevins Zimmer und saß neben dem schlafenden Kind. Kurze Zeit später kam Harms herein und sagte: »Ich habe das Büro des Sheriffs angerufen, Sir. Ich habe gesagt, daß ich zufällig ins Arbeitszimmer kam und sah, wie Mrs. Ambleton von einem maskierten Eindringling niedergeschlagen wurde, der durch das Fenster entkommen konnte. Die Beamten müssen jeden Augenblick hier sein.«

Ambleton nickte und fragte erstaunt: »Warum tun Sie das?«

»Ich wünschte mir genausosehr wie Sie, daß sie endlich zum Schweigen gebracht wurde«, erwiderte Harms ruhig. »Aber ich erwarte natürlich, daß ich später für meine Dienste entsprechend entschädigt werde. Sollen wir jetzt ins Arbeitszimmer gehen und so tun, als seien wir tief bekümmert? Ich habe ein Fenster geöffnet, um die Geschichte von dem Einbrecher zu untermauern.«

Ambletons Gedanken kehrten wieder zurück zur Gegenwart. Er saß immer noch an seinem Schreibtisch und hörte, was Harms sagte.

»Muß ich Sie wirklich daran erinnern, wie Mrs. Ambleton vor sieben Jahren starb?«

»Sie können es nie beweisen.«

»Das spielt keine Rolle«, erwiderte Harms. »Denn wenn Sie das Geld nicht schicken, werde ich ganz einfach zu Ihnen kommen und Sie umbringen.«

Ambletons Gedanken überschlugen sich. Er kam an das Geld problemlos heran, obwohl Janice ihm keinen Cent hinterlassen hatte. Ganz im Gegenteil, er hatte vor der Heirat auf alle gesetzlichen Erbansprüche verzichten müssen, und sie hatte ihr ganzes Vermögen Kevin vererbt, jedoch unter der Bedingung, daß Ambleton als gesetzlicher Vormund des Kindes eingesetzt werden und sein Vermögen treuhänderisch verwalten sollte, bis Kevin volljährig war – und ein Gericht hatte Ambleton das Recht zugesprochen, soviel von dem Geld zu verbrauchen, wie er für nötig erachtete, solange er einen einigermaßen einleuchtenden Grund dafür angab.

»Sie wären jetzt im Gefängnis, wenn ich Ihnen damals nicht geholfen hätte«, sagte Harms. »Außerdem erhöhe ich meine Forderungen keineswegs, auch wenn die Lebenshaltungskosten ständig steigen, Mr. Ambleton. Ich bin sehr vernünftig, Mr. Ambleton, und ich würde Ihnen raten, sich ebenfalls so zu verhalten.«

Ambleton schwieg und überlegte, wie schon mehr als einmal zuvor, wie er Harms für immer loswerden könnte.

Er konnte zum Postamt gehen, an das er das Geld adressierte, darauf warten, daß Harms es abholte, ihm folgen und ihn erschießen. Aber Harms wählte sich jedes Jahr eine andere Adresse aus, und es war immer die Post eines sehr kleinen Städtchens. Ein kleines Postgebäude konnte Harms problemlos überwachen, und wenn er Ambleton in der Nähe sähe, wäre Ambletons Ende gekommen, egal, ob er nun bewaffnet war oder nicht. Ambleton erschauerte. Harms Mordmethode würde weder schmerzlos noch schnell sein.

»Holen Sie das Geld sofort von der Bank«, befahl Harms. »Packen Sie es ein und schicken Sie es noch heute, Donnerstag, an die Adresse, die ich Ihnen angegeben habe. Ich erwarte das Geld spätestens am Mittwoch. Wenn es bis dahin nicht eingetroffen ist, komme ich zu Ihnen.«

»Das sind ja nur sechs Tage!« protestierte Ambleton. »Wie können Sie nur ein derartiges Vertrauen in die Post haben.«

»Es ist schließlich kein weiter Weg von einer Stadt in Kalifornien zur nächsten. Mir ist noch nie etwas in der Post verlorengegangen.«

»Aber so etwas kommt vor«, widersprach Ambleton. »Es ist einfach leichtsinnig zu glauben, daß unterwegs nicht ein Fehler passieren könnte.«

»Dann beten Sie, daß er nicht vorkommt«, sagte Harms und hängte ein.

Kevin kam ins Zimmer, ein Junge mit einem runden, sommersprossigen Gesicht, so typisch amerikanisch, als sei er aus einem Werbespot entsprungen. Das blonde Haar und die zierliche Figur hatte er von seiner Mutter, aber er hatte nichts von ihrer Gemeinheit geerbt. Er war immer gut gelaunt und half Ambleton ohne Murren im Haushalt. Er hatte kein sehr großes Interesse an der Schule, widmete aber sehr viel seiner Zeit allen Arten von Zauberei. Er stand auf der Kundenliste von mindestens einem halben Dutzend Zauberläden, die sich auf den Versand von allen möglichen Zaubertricks spezialisiert hatten.

Ambleton hatte ihm bei diesem Hobby nie einen Stein in den Weg gelegt. Wenn er dem Jungen seine Freiheiten ließ, dessen war sich Ambleton sicher, würde er später sicherlich Verständnis für

Ambletons finanzielle Bedürfnisse haben, wenn er erst einmal in den Besitz seines Erbes gelangt war. Außerdem war Kevin beschäftigt, und es hielt ihn bei Laune. Ambleton hätte zwar lieber allein in diesem Haus gelebt, das er selbst entworfen hatte, aber nachdem Kevin nun einmal existierte, war Ambleton dankbar dafür, daß er so wenig Umstände verursachte.

Jetzt hielt Kevin zwei Münzen in der Hand. Seine hellen Augen blitzten. Er gab Ambleton die Münzen und sagte: »Tu die Hände hinter den Rücken, die zehn Cents in der einen, die fünf Cents in der anderen Hand. Aber sag mir nicht, in welcher Hand du was hast.«

Ambleton nickte und legte die Hände auf den Rücken. Die fünf Cents hatte er in der rechten, die zehn Cents in der linken Hand.

»Jetzt werde ich dir sagen, welche Münze in welcher Hand ist«, sagte Kevin. »Multipliziere den Wert der Münze in deiner rechten Hand mit vier, aber nur im Kopf.«

»Fertig«, sagte Ambleton.

»Multipliziere den Wert der Münze in der linken Hand mit sieben.«

»Okay.«

»Jetzt addiere die beiden Zahlen und sag mir das Ergebnis.«

»Neunzig«, sagte Ambleton.

»Die fünf Cents sind in deiner rechten Hand, die zehn Cents in deiner linken«, sagte Kevin triumphierend.

»Erstaunlich!« rief Ambleton und öffnete die Hände, um festzustellen, daß der Junge recht hatte. »Wie hast du das gemacht?«

»Es ist ganz einfach. Du hast eine gerade Zahl genannt, also mußten die fünf Cents in deiner rechten Hand sein. Wenn du eine ungerade Zahl genannt hättest, wären sie in deiner linken Hand gewesen.«

»Einfach toll.«

Der Junge nickte, aber sein Lächeln verflog, und Ambleton sah etwas in den blauen Augen, das er noch nie zuvor gesehen hatte. Es war, als starre Kevin ihn mit inbrünstigem Haß an. Er schauderte unter diesem Blick genauso zusammen wie vorhin unter den Worten von Harms. Aber dann war der Blick verschwunden, und Kevin lächelte wieder sein typisch amerikanisches Lächeln und sagte: »Ja, wirklich toll, nicht wahr?«

»Es ist ein großartiger Trick«, stimmte Ambleton erleichtert zu. Er konnte es sich nicht leisten, das Mißfallen des Jungen zu erregen. Er stand auf und ging zu einem großen Plexiglasfenster, das in einem bestimmten Winkel angebracht war, so daß die Sonnenstrahlen bis tief ins Haus hineindringen konnten. Nach dem Tod von Janice hatte er das ursprüngliche Haus abreißen und dieses hier an seiner Stelle bauen lassen, ein völlig autarkes Haus, das mit Sonnenenergie und Erdwärme versorgt wurde. Er hatte Pläne von anderen benutzt, um dem Architekten zu zeigen, wie er es sich vorstellte, aber diese besondere Zusammenstellung von Ideen war ein Original und trug seinen höchstpersönlichen Stempel.

Die Südwände waren mit Wasser gefüllt und fingen die Wärme der Nachmittagssonne auf und speicherten sie. Ein Ofen im ersten Stock erhitzte ein System von Wasserrohren, die heißes Wasser in einen großen Tank füllten. Wasser aus dem Teich konnte durch die Heizkörper gepumpt werden, um das Haus an heißen Sommertagen zu kühlen. Die Neuerungen waren zahllos. Und Ambleton hatte es geschafft, alles für die erstaunlich niedrige Summe von knapp unter einer Million Dollar zu bauen.

Er sah hinaus auf das Grundstück, wo er ein von Hühnern geheiztes Treibhaus gebaut hatte, um die Methode eines arbeitsparenden Farmbetriebs zu erproben, die er sich vor einiger Zeit ausgedacht hatte.

Ein Hühnerstall war in das Treibhaus neben dem Teich eingebaut worden. Der nahe gelegene Wald lieferte den Hühnern kostenloses Futter. Als Gegenleistung bereicherte der Hühnerdung den Boden. Das direkte Sonnenlicht, verstärkt durch die Reflektionen des Teichs, heizte das Treibhaus tagsüber, während die Körperwärme der Hühner nachts denselben Zweck erfüllte.

Es war, dachte Ambleton, einfach eine Frage, die Grundgesetze der Natur zu durchdenken und diese Gesetze für seine eigenen Zwecke zu nutzen.

Eines dieser Gesetze, hatte er schon vor langer Zeit entschieden, bestand darin, daß die Umwelt ihrer Natur nach früher oder später alles ausmerzt, was völlig wertlos ist.

Das war der Hauptgrund, dachte Ambleton in Erinnerung an Harms' Anruf, weshalb Janice nicht mehr am Leben war. Kevin mochte sie zwar idealisieren und sie in seiner Erinnerung anbeten, weil er sich einfach nicht an die wahrhaft böse Frau erinnern konnte, die seine Mutter in Wirklichkeit gewesen war. Aber es war ihre Boshaftigkeit gewesen, die ihren Tod ausgelöst hatte.

»Was wirst du den Rest des Nachmittags tun?« fragte Kevin fröhlich. »Über Sachen nachdenken?«

»Zum Beispiel«, sagte Ambleton. »Aber ich muß auch noch zur Bank.« Es hat keinen Sinn, etwas anderes zu tun. Er hatte viel zuviel Angst vor Harms. Er würde das Geld abheben, es hier sorgfältig verpacken und noch sorgfältiger adressieren – »und«, fügte er zu Kevin gewandt hinzu, »ich muß noch Tinte kaufen«.

»Im Schreibwarengeschäft haben sie gesagt, daß sie sie bestellt haben«, sagte Kevin. »Ich gehe mit dir in die Stadt und besorge dir deine Tinte, während du in der Bank bist.«

»Ich weiß nicht, was ich ohne dich tun würde, Kevin«, sagte Ambleton.

Nachdem sie aus der Stadt zurückgekommen waren, ging Ambleton in den Lagerraum im Erdgeschoß, wo er das Packpapier aufbewahrte. Als er wieder in seinem Arbeitszimmer im ersten Stock war, sah er durch das Fenster, daß Kevin im Wäldchen spielte. Er klatschte in die Hände, um die Hühner aufzuscheuchen. Sie flatterten verärgert herum.

Ambleton überprüfte das Tintenfaß und stellte fest, daß es aufgefüllt worden war. Er nahm das Geld aus seiner Brieftasche, legte es in einen kleinen Pappkarton, wickelte die Schachtel in mehrere Lagen dickes Packpapier ein und verschnürte sie. Als alles zu seiner Zufriedenheit erledigt war, nahm er die Feder des altmodischen Schreibzeugs und adressierte das Päckchen.

Er ging wieder in die Stadt, dieses Mal zur Post, wo er die Postangestellte dabei beobachtete, wie sie das Päckchen frankierte und in den Sack für die abzufertigende Post warf. Erst dann machte er sich wieder auf den Nachhauseweg.

Der nächste Mittwoch kam und ging. Als die Sonne am Donnerstag aufging, sah Ambleton dem neuen Tag voller Vertrauen und in guter Stimmung entgegen, ganz sicher, daß das Päckchen dem Empfänger ausgehändigt worden war.

Kevin ging zur Schule, und Ambleton setzte sich an seinen

Schreibtisch und erledigte einige kleinere Verrichtungen. Er schrieb Briefe an zwei alte Freunde und adressierte die Umschläge in zügiger Schrift. Aller Druck war von ihm gewichen. Dann schrieb er einen Scheck aus und adressierte ihn an einen der Zauberläden, bei denen Kevin Kunde war. Er frankierte die Briefe und ließ sie auf seinem Schreibtisch liegen. Er würde sie später zur Post bringen. Inzwischen war es fast Mittag. Er ging in die Küche, machte sich ein Sandwich aus Vollkornbrot mit Avocados und trug es hinaus, um es im außergewöhnlich warmen Wintersonnenschein zu essen.

Er schlenderte zum Teich, setzte sich auf einen Baumstumpf und ließ seine Gedanken schweifen, die beste Art, sich auf völlig neue Themen einzustimmen. Die Zeit verging.

Er merkte, daß er das hühnerbehcizte Treibhaus ansah, und er dachte daran, was Harms mit dem Fuchs und dem Coyoten angestellt hatte. Er würde jetzt, dachte er, die Briefe holen und zur Post bringen.

Er ging in sein Arbeitszimmer und nahm die Briefe.

Die Umschläge waren wie neu. Alle drei waren unbeschriftet. Nichts als weiße Briefumschläge.

Er riß sie auf. Zwei enthielten weiße Blätter. Der dritte einen Scheck, auf dem nichts stand.

Ambleton setzte sich langsam hin. Allmählich formte sich eine Ahnung in seinem Kopf. Mit zitternder Hand legte er einen neuen Bogen Briefpapier vor sich hin. Er nahm die Feder aus ihrem Messinghalter, klappte den Deckel des Tintenfasses auf und tauchte die Feder ein. »Jetzt«, schrieb er, »ist für alle standhaften Männer die Zeit gekommen, ihrer Partei zu helfen.«

Er legte die Feder in den Halter zurück und starrte auf die Worte, die er geschrieben hatte.

Die Zeit verstrich langsam.

Dann konnte er sehen, kaum merklich, wie die Tinte verblaßte.

Sein Herz hämmerte vor Angst.

»Sir?« fragte Kevin, als er das Zimmer betrat. Ambleton saß reglos da, vor Schock wie erstarrt. Kevin ging um den Schreibtisch herum und sah seinen Vater mit demselben eisigen Haß an, den seine blauen Augen auch vor Tagen schon gezeigt hatten. »Ist alles in Ordnung? Du bist sehr blaß.«

»Die Tinte«, keuchte Ambleton.

»Schlau, nicht wahr?« sagte Kevin. »Im Faß sieht sie wie richtige Tinte aus. Aber wenn sie auf dem Papier trocknet, verblaßt sie ganz allmählich, bis nichts mehr zu sehen ist.«

»Warum?« brüllte Ambleton. »Warum hast du das getan?«

»Als ich letzten Donnerstag das Telefon klingeln hörte, hob ich in der Küche ab, aber du warst schon dran. Ich habe deine Unterhaltung mit Harms mitgehört. Ich weiß, wer er ist. Du hast von ihm gesprochen. Und jetzt ist er auf dem Weg, um dich umzubringen, weil er das Geld nicht bekommen hat.«

Auf dem Weg hierher? War Harms hier? War er schon im Haus?

»Du hättest meine Mutter nicht umbringen sollen«, sagte Kevin. »Sie war eine wunderbare Frau.«

»Du hast sie nur in deiner Fantasie dazu gemacht!« schrie Ambleton. »Aber sie war nicht wunderbar. Sie war böse! Und wertlos! Boshaftigkeit basiert auf – auf Wertlosigkeit. Und eine gesunde Umgebung merzt, ihrer eigenen Natur nach, früher oder später alles aus, was völlig wertlos ist.«

»Mörder«, sagte Kevin.

»Wenn du nur alt genug gewesen wärst, daß du selbst hättest merken können, wie sie wirklich war.«

»Du hast mir keine Gelegenheit gegeben«, sagte Kevin kühl.

Während Kevin noch sprach, erschien hinter ihm Edward Harms in der Tür. Er sah noch genauso aus wie an jenem Tag vor sieben Jahren.

»Nein!« sagte Ambleton. »Nein, nein, nein, nein!«

Originaltitel: A PROPER ENVIRONMENT. 11/81

Dick Stodghill

Klassentreffen

Der Regen schlägt auf das Pflaster und malt ein bewegliches Muster aus glitzernden Kreisen auf den grauen Asphalt. Ich beschließe, lieber doch nicht über den Parkplatz zu meinem Auto zu laufen und gehe ins Hotel zurück. Eine Rechtswendung in der Halle bringt mich in den Gesellschaftsraum.

Die Menschen stehen dicht gedrängt, Ellbogen an Ellbogen. Jeder Tisch ist voll besetzt, die kleine Tanzfläche quillt fast über. Eine Combo, die sich Mühe gibt, über dem Summen der Stimmen und dem dröhnenden Gelächter noch gehört zu werden, spielt zum Tanz auf. *Frenesi*, die schöne Komposition von Artie Shaw, arrangiert für Klavier, Saxophon, Trompete und Schlagzeug.

Ich zwänge mich zur Bar durch. Ein Mann in der Menge drückt sich gegen den Nachbarn zu seiner Linken. Dadurch gewinnt er fünf Zentimeter freien Raum, wodurch ich jetzt ganze zehn zu meiner Verfügung habe. Ich schiebe einen Arm und eine Schulter durch die Lücke, nicke dem Mann dankend zu und frage: »Was ist denn hier los?«

»Ein Klassentreffen«, antwortet er. »Vorhin war eine kleine Cocktailparty angesetzt, und als es anfing zu regnen, kamen alle hier rein.« Er nippt an seinem Drink. »Das hier ist nur das Vorspiel. Das eigentliche Fest findet morgen statt.«

»Welche Klasse?« frage ich, obwohl es mich nicht wirklich interessiert.

»Midland Central, Abschlußklasse von 1940.«

Ich erwische den Barkeeper. Nachdem der Kognak vor mir steht, wärme ich das Glas erst mit den Händen an, dann trinke ich, genieße die Wärme im Hals und das sanfte Prickeln an meinem Rückgrat. Ich bestelle einen zweiten und drehe mich dann um, um mir die Leute auf der Tanzfläche und an den kleinen Tischen anzusehen.

Es sind alles Paare in mittleren Jahren – die Jitterbug-Generation –, aber heute sind die Zeiten von Musikbox und Milchshakes vorbei. Heute kommen die Erfrischungen von Jack Daniels und John Jameson.

Meine Blicke bleiben an einem Paar haften. Die beiden halten sich dicht am Rand der Tanzfläche, sind völlig versunken in ihre Tätigkeit. Man merkt, daß sie sich in Arthur Murrays Tanzschule auf diese Gelegenheit vorbereitet haben. Sie sind passend angezogen, er in einem karierten Sportjackett in blassem Grün, weißen Hosen und weißen Schuhen, sie in einem dünnen Kleid, das sich bei jeder Pirouette hebt.

Sie bewegen sich schneller als die anderen Paare, vielleicht um zu vertuschen, daß sie den Rhythmus nicht halten können. Er verharrt die ganze Zeit über in einer leicht vorgebeugten Haltung, sieht seine Partnerin nicht an, seine Füße gleiten schnell über das Holz. Sie haben ziemlich viele Bück- und Hockbewegungen drauf, und in regelmäßigen Abständen knickt sie mit dem Fuß nach hinten und verharrt so für eine Sekunde. Manche Leute lassen sich vielleicht davon beeindrucken, aber mir scheint es, daß sie keineswegs das Geheimnis ewiger Jugend entdeckt haben, sondern ganz im Gegenteil mit ihrer erzwungenen Jugendlichkeit die Verwüstungen der Zeit nur noch unterstreichen.

Ich erkenne die beiden. Der Mann ist Arvil Ritchey, ein Börsenmakler hier in Midland, der gerade für den Kongreß kandidiert, und sie ist seine Frau. Vielleicht soll der Auftritt ihnen Stimmen für die Vorentscheidung nächste Woche einbringen.

Jetzt, nachdem meine Augen sich an die gedämpfte Beleuchtung gewöhnt haben, sehe ich auch andere bekannte Gesichter. Jack Gerhart, Ritcheys Partner; Mack Douglas, ein übergewichtiger Verwaltungsbeamter; Jim Rakish, Geschäftsmann; Harley Lane, Postbeamter; und mehrere andere, deren Namen mir im Moment nicht einfallen.

Ich drehe mich wieder zur Theke um. Jemand ist weggegangen, und ich habe ein bißchen mehr Platz. Nach ein paar Minuten höre ich, wie jemand sagt, daß der Regen aufgehört hat, und ich merke, wie die Menge lichter wird.

Plötzlich gibt es einen Auflauf draußen in der Halle. Laute Worte fallen, und dann ruft ein Mann nach der Polizei, und ein anderer nach einem Krankenwagen. Ich trinke meinen Kognak aus, gehe in die Halle, sehe nur verwirrte Gesichter, schlendere an ihnen vorbei und trete in die frische Nachtluft hinaus, die nach dem Regen merklich kühler geworden ist.

Frauen stehen in kleinen Gruppen auf dem Bürgersteig und reden aufgeregt miteinander. Auf der anderen Straßenseite stehen ein paar Männer am Eingang einer kleinen Gasse, die am Parkplatz vorbeiläuft. Ich überquere die Straße, dränge mich durch die Männer und knie neben dem Mann nieder, der am Rand des Parkplatzes auf dem nassen Boden liegt. Ich erkenne ihn. Er gehört auch zu der Menge im Hotel.

Er ist tot – von hinten niedergeschlagen mit einer Waffe, die umwickelt gewesen sein muß, denn die Schädeldecke ist nicht gesplittert. Seine Taschen sind nach außen gestülpt, und eine Seite seines Jacketts ist aufgeschlagen. Eine Brieftasche liegt dicht neben der Leiche, Papiere sind überall verstreut.

Ich frage jemanden, wer er ist. Mehrere antworten mir, aber zögern dann, als ein Streifenwagen um die Ecke biegt. Ein Beamter kommt näher und kniet sich mir gegenüber nieder, steht wieder auf, geht zum Wagen zurück und ruft über Funk Verstärkung herbei.

Offensichtlich ist es die Arbeit eines Straßenräubers mit einer zu kräftigen Hand. Eine Story für Steve Granger, den Polizeireporter des *News-Banner*, und Material für mich für eine kurze Kolumne unter dem Titel: »Mit Hal Blinn auf Streifzug durch die Stadt.« Ein Treffen mit alten Freunden, der Tod, der sich unerwartet unter die fröhliche Gesellschaft mischt, ein trauriges Ende auf einem regennassen Parkplatz. Melodramatisch, aber Melodramen haben der Auflage einer Zeitung noch nie geschadet.

Wie sich herausstellt, schreibe ich die Mordstory anstelle von Granger. Samstags ist in den Räumen des *News-Banner* nur eine Notmannschaft anwesend. Nach einem Frühstück aus Rosinenbrot im Bulls-Eye gehe ich kurz im Büro vorbei, um nach der Post zu sehen, und bin ganz allein da, als das Telefon läutet.

Granger ist am Apparat. »Kannst du mir aushelfen, Hal?« fragt er. »Ich habe die Mordstory erst mal liegenlassen, bis ich mehr erfahre, aber jetzt ist mir etwas anderes zwischen die Finger gekommen. Die Unterlagen liegen auf meinem Schreibtisch.«

»Was haben Sie denn jetzt in der Mache?«

»Einen tödlichen Unfall mit Fahrerflucht in der Washington, Ecke Vine Street. Jim Rakish, dem das Geschäft für Bürobedarf in der Jackson Street gehört, wurde getötet.«

Das ist ein Schock, wie der gewaltsame Tod eines Menschen, den man gekannt hat, immer ein Schock ist. Rakish, ein großer, schweigsamer, sehr zurückhaltender Mann, war nur eine Grußbekanntschaft, aber trotzdem nimmt mich die Nachricht mit. Ich erinnere mich, daß er gestern abend ruhig an einem Tisch in der Halle des Hotels gesessen hat. Ich möchte Granger gern nähere Fragen stellen, aber er hat es eilig, und deshalb lasse ich ihn gehen, nachdem ich nur kurz gefragt habe, ob es im Mordfall etwas Neues gibt.

»Ja, die Polizei hat Tobe Gilson kurz nach der Tat direkt um die Ecke verhaftet.«

»Wer ist Tobe Gilson?«

»Auf Bewährung. Hat letztes Jahr einen Selbstbedienungsladen hochgenommen. Es war seine erste Straftat. Er bekannte sich schuldig und wurde auf Bewährung freigelassen.«

Der Ausschnitt aus der *Morning Sun* auf Grangers Schreibtisch enthält kaum mehr als einen Nachruf, und dazu noch einen sehr kurzen. Das Mordopfer hieß Wendell Spurner, wohnte in Davenport, Iowa, und war nur zum Klassentreffen nach Midland gekommen. Buchhalter, unverheiratet, einzige Verwandte eine Schwester, die noch in Shedtown wohnt, einem Vorort südwestlich von Midland, der schon immer einen schlechten Ruf hatte.

Ich gehe zum Gefängnis und frage, ob ich Tobe Gilson sehen kann. Der Sheriff ist wie üblich sehr zuvorkommend zur Presse. Gilson ist empört über seine Verhaftung. Seine schwarze Haut glänzt vor Schweiß, und seine Augen blitzen wütend.

»Mann«, sagt er, »glauben Sie wirklich, ich wäre so blöd, einem Typ eins auf den Schädel zu geben und dann um die Ecke drauf zu warten, daß die Polizei mich aufliest?«

»Und was haben Sie um die Ecke gemacht?«

»Meine Frau hat bei Clays eingekauft, und ich habe mich gelangweilt. Also bin ich rausgegangen, um ein bißchen frische Luft zu schnappen und eine zu rauchen. Ich schlendere bis zur nächsten Ecke, und schon bin ich verhaftet. Aber die können mir nichts nachweisen – die machen bloß viel Wind um nichts.«

Nachdem ich den Bericht über die Verhaftung gelesen habe, bin ich geneigt, mich Gilsons Meinung anzuschließen. Aber er ist schwarz, war in der Nähe des Tatorts und ist vorbestraft. Das genügte schon mehr als einmal.

Meine Story wird nur kurz. Es ist merkwürdig, daß der Reporter der *Sun* nichts über die Verhaftung schreibt, aber damit habe ich zumindest eine neue Spur. Nachdem ich den Artikel fertig habe, schließe ich die Bibliothek auf, suche die Akte Jim Rakish hervor und lege sie auf Grangers Schreibtisch. Die wenigen Ausschnitte über Jim Rakish haben alle mit seinen Geschäften zu tun. Dann gehe ich in Horners Bar.

Grady Driscoll, der Gerichtsreporter des *News-Banner*, ist allein im Hinterzimmer und flippert. Ich sage ihm, daß er wahrscheinlich über eine Mordanklage schreiben muß, erzähle ihm, daß Gilson leugnet, die Tat begangen zu haben, und informiere ihn über Rakishs Tod. Als ich hinzufüge, daß ich beide Opfer, den Ermordeten und den Unfalltoten, gestern abend im Hotel gesehen habe, sieht er von seinem Spiel auf, runzelt die Stirn und sagt: »Das ist aber ein merkwürdiger Zufall.«

Etwas später kommt Steve Granger vorbei. Die Zeitung ist ausgedruckt, und seine Story steht auf der ersten Seite.

Rakish wollte zur Arbeit gehen, als er ein Stück von seinem Haus entfernt überfahren wurde. Es passierte in dem ältesten und elegantesten Wohnviertel von Midland, wo er mit seiner Frau wohnte.

»Die Zeugin, die Sie in Ihrem Artikel erwähnen«, sage ich zu Granger. »Hat sie wirklich nur gesehen, daß es ein blauer oder schwarzer Lieferwagen war? Nicht mehr?«

Er schüttelte den Kopf. »Sie war einen halben Block von der Unfallstelle entfernt. Sie konnte den Fahrer nicht sehen, sagt aber, daß er wie ein Verrückter beschleunigt hat, ehe er Rakish überfuhr.«

Ich hebe die Augenbrauen. »*Ehe* er ihn überfuhr?«

»Genau. Der Lieferwagen stand ein paar Häuser weiter geparkt, startete mit heulendem Motor, raste nach dem Unfall noch einen Block weiter und bog in die Mainstreet ab.«

Driscoll hat zugehört. Er kommt an unseren Tisch und setzt sich, einen nachdenklichen Ausdruck auf dem Gesicht. »Vielleicht war es gar kein Unfall«, sagt er. »Also, ich zum Beispiel glaube nicht an Zufälle.«

Granger starrt ihn verständnislos an, also erzähle ich ihm, daß ich sowohl Rakish als auch Spurner im Hotel gesehen habe. Es interessiert ihn aber nicht weiter, und er geht wieder hinaus.

Driscoll bleibt am Tisch sitzen, tief in Gedanken versunken. Nach ein paar Minuten sagt er: »Fahren wir doch zu der Stelle, wo Rakish getötet wurde. Vielleicht können wir auch mit dieser Zeugin reden.«

Ich habe sowieso nichts anderes vor, also stehe ich auf und führe ihn zu meinem Auto. Unter den gegebenen Umständen kann Granger sich nicht beschweren, daß wir uns in seine Story einmischen.

Die Zeugin kann uns nichts Neues sagen, zeigt uns aber die Stelle, an der der Lieferwagen stand. Wir halten an derselben Stelle. Von da aus können wir zwischen den Häusern hindurch die Washington Street sehen.

Driscoll, der langsam anfängt, aufgeregt zu werden, sagt: »Der Fahrer könnte gesehen haben, wie Rakish näher kam. Es war kein Unfall, Hal – es war ein Hinterhalt.«

Sein Ungestüm schafft es immer wieder, mich auf den Boden der Tatsachen zurückzuholen. »Dafür haben wir keine Beweise, Grady«, sage ich.

Er brummt verächtlich von sich und sagt: »Los, fahren wir zu Rakishs Frau.«

Eine Frau zu interviewen, die gerade erst ihren Mann verloren hat, war noch nie das, was ich mir als fröhliche Samstagnachmittagsbeschäftigung vorgestellt habe. Driscoll aber scheint von solchen Skrupeln nicht geplagt zu sein, und zu meiner Überraschung ist Irene Rakish sehr gefaßt. Sie ist allein, was ebenfalls überraschend ist, denn in Midland versammeln sich üblicherweise alle möglichen Leute um die trauernden Hinterbliebenen wie Katzen um einen Vogel mit gebrochenen Flügeln. Aber Rakish war ein zurückhaltender Mensch, ein Einzelgänger, und vielleicht ist seine Frau genauso.

Sie schenkt Kaffee ein und reicht uns dampfende Tassen, wobei ich mich des unbehaglichen Gefühls nicht erwehren kann, einen Anstandsbesuch zu machen. Als Driscoll fragt: »Ist Ihr Mann immer zu Fuß zur Arbeit gegangen?« nickt sie und fügt nach einer kurzen Pause hinzu: »Außer, wenn das Wetter wirklich schlecht war.«

»Kannte er –« fängt Driscoll an, wirft mir dann aber einen fragenden Blick zu, weil er sich an den Namen des anderen Mordopfers nicht erinnern kann. »Wendell Spurner«, sage ich.

Wieder nickt sie und zögert, bevor sie antwortet. »Sie gingen in dieselbe Klasse.«

»Gute Freunde?« fragt Driscoll.

Dieses Mal schüttelt sie den Kopf und sagt nach der üblichen Pause: »Sie standen sich nicht sehr nahe. Jim hat sich immer schwer getan, Freundschaften zu schließen.«

»Haben Sie die beiden in der Schule gekannt?« frage ich.

»Ich war zwei Klassen unter ihnen, aber Jim und ich gingen miteinander aus, und so wußte ich, wer seine Klassenkameraden waren.«

»Haben sie sich gestern abend auf der Cocktailparty unterhalten?«

»Sie haben sich begrüßt, das war auch schon alles. Aber Jim sagte, daß Wendell gestern nachmittag bei ihm im Geschäft gewesen sei.«

Driscoll beugt sich interessiert vor. »Hat er gesagt, was er wollte?«

Sie schüttelt den Kopf.

»Komisch, daß er das getan hat, wo sie doch nicht befreundet waren.«

Sie zuckt mit den Schultern. Offensichtlich hat sie von der Unterhaltung jetzt genug. Vielleicht ist ihre gefaßte Haltung nur Maske. Nach einer kurzen Pause sagt sie: »Möglicherweise hatte es etwas mit ihrem Militärdienst zu tun. Sie haben sich gleichzeitig freiwillig gemeldet.«

»Heißt das, daß sie zusammen im Krieg waren?« fragt Driscoll.

»Nein, eigentlich nicht. Sie waren zusammen ein paar Tage in Fort Ben, aber dann wurden sie verschiedenen Einheiten zugeteilt. Ich glaube nicht, daß sie sich danach noch einmal gesehen haben, bis auf gestern.«

»Wie kam es, daß sie sich zur gleichen Zeit gemeldet haben?«

»Fragen Sie mich das nicht, sie haben es eben getan. Am vierundzwanzigsten August 1942. Es hat alle überrascht.«

Und sie am meisten, das kann ich deutlich sehen. Selbst nach all diesen Jahren, und wo ihr Mann jetzt tot ist, ärgert und wundert es sie immer noch. Driscoll und ich wiederholen unsere Beileidsbezeugungen und gehen.

»Schon wieder eine Übereinstimmung«, sagt er, als wir draußen sind. »Für meinen Geschmack gibt es in diesem Fall viel zuviele Übereinstimmungen.«

»Es ist kein Fall, Grady«, erinnere ich ihn. »Es sind zwei Fälle – und im Augenblick haben wir noch keine Beweise dafür, daß sie irgend etwas miteinander zu tun haben.«

Er starrt mich böse an. »Das schlimme an dir ist, daß du ein frustrierter Anwalt bist. Du redest genau denselben Quark, den ich mir die ganze Woche über im Gericht anhören muß. Du würdest nicht glauben, daß du eine Nase hast, solange du sie nicht mit den Fingern anfassen kannst.«

Wie üblich, wenn Driscoll wütend wird, fange ich an zu lachen. Es macht ihn nur noch wütender. Um ihn zu versöhnen, sage ich: »Aber du hast schon recht. Es ist merkwürdig, daß sie sich die ganzen Jahre über nicht gesehen haben und dann beide innerhalb von zwölf Stunden eines gewaltsamen Todes sterben.«

Als wir über die Mainstreet fahren, sagt Driscoll: »Halt mal vor Rakishs Geschäft an.«

Ich sage zu ihm, daß es am Samstagnachmittag geschlossen ist. Trotzdem fahre ich einen Block in die Jackson Street hinein und halte neben dem Geschäft an. Driscoll hämmert laut an die Tür, und ein Mann kommt von innen an die Ladentür, sieht uns böse an, zeigt auf seine Uhr und ruft: »Wir haben geschlossen.« Dann erkennt er uns, zieht einen Schlüsselbund aus der Tasche und schließt auf. Er ist George Covart, der Partner von Rakish.

»Es dauert nicht lange, George«, versichere ich ihm. »Waren Sie gestern hier, als Wendell Spurner Jim besuchte?«

Er war hier, sagt er, auch wenn er gestern noch nicht wußte, wer Spurner war. Die beiden hatten eine Stunde lang im Büro miteinander geredet.

»Haben Sie etwas von dem Gespräch mitbekommen?« fragt Driscoll.

»Nur als Spurner sich verabschiedete. Jim sagte: ›Gehst du jetzt gleich hin?‹ und als Spurner sagte, das habe er vor, fügte Jim hinzu: ›Laß mich wissen, wie er reagiert hat.‹«

»Er sagte nicht, zu wem er gehen wollte?« frage ich.

Covart schüttelt den Kopf, und das ist auch schon alles, was wir von ihm erfahren.

Driscoll sagt: »Irgend etwas ging hier vor. Irgend etwas, das mit den beiden zu tun hatte.«

Dieses Mal stimme ich ihm ohne Zögern zu. »Sehen wir uns doch einmal die Mikrofilme der Ausgaben im August 1942 im Archiv an. Was auch immer es gewesen sein mag, es geht vielleicht zurück auf die Zeit, als sie sich zur Armee meldeten. Vielleicht finden wir eine Spur.« Driscoll sieht skeptisch aus, aber er folgt mir ins Archiv.

Nach einer Stunde geht er wieder, fest davon überzeugt, daß wir nur unsere Zeit verschwenden. Wir haben erst die ersten zehn Ausgaben des *News-Banner* des Monats August durchgearbeitet, und wir haben nichts gefunden, das mit dem Fall in Zusammenhang stehen könnte. Auf jeden Fall war es eine Zeit der Kriegsnachrichten – die Invasion von Guadalcanal, Dieppe, die Schlacht von Stalingrad. Ich drehe die Kurbel weiter, und die Tage ziehen vorbei. Nichts Aufschlußreiches taucht auf, aber ich verbringe viel Zeit damit, die alten Kriegsereignisse zu überfliegen.

Und endlich, in der Ausgabe vom Samstag, dem zweiundzwanzigsten August, finde ich etwas, das meine Aufmerksamkeit erregt. Das war zwei Tage bevor Spurner und Rakish sich meldeten. Während ich die Story lese, werde ich mir immer sicherer, daß es das ist, wonach ich suche.

Die Leiche eines neunzehnjährigen Mädchens, Marica Hesston, wurde an jenem Morgen im Gebüsch an der Burlington Road südlich der Stadt gefunden. Todesursache war ein Schlag auf den Hinterkopf. Ihre Kleider waren zerrissen, und die Polizei kam zu der Annahme, daß sie bei dem Versuch gestorben war, einen Angreifer abzuwehren. Der Mord war an einer anderen Stelle passiert, und die Leiche war aus einem Auto geworfen worden.

Der Artikel stammt von Jake Richards, dem jetzigen Chefredakteur des *News-Banner*, der damals noch ein junger Reporter war. Ich lese den Artikel zum zweitenmal durch und mache mir ein paar Notizen, dann überfliege ich die nächsten Ausgaben. Es wurde keine Verhaftung vorgenommen.

Als ich schon die Treppe hinuntergehe, fällt mir ein, daß ich eine mögliche Informationsquelle übersehen habe. Ich drehe mich um, gehe wieder hinauf und klettere die Leiter hinauf zu den Regalen mit den alten Adreßbüchern.

Von 1942 gibt es kein Adreßbuch, also schlage ich im Band von 1941 die 16. Straße auf, in der Marcia Hesston gelebt hatte. Mein Herz macht einen kleinen Sprung, als ich die Eintragung lese, und ich blättere schnell zum alphabetischen Register und finde die Bestätigung. Jim Rakish wohnte im Haus gleich daneben. Und weitere Nachforschungen ergeben, daß Spurners Schwester immer noch in ihrem Elternhaus wohnt.

Driscoll ist nicht in Horners Bar, und als ich bei ihm zu Hause anrufe, bekomme ich keine Antwort. Es wird schon spät, also bestelle ich ein Sandwich, gehe kurz in mein Zimmer, ziehe mich um und mache mich dann auf den Weg zum Midland Hotel, wo das Klassentreffen eigentlich so langsam anlaufen müßte.

Die ersten Klassenkameraden trinken schon in der Bar, ehe sie in den Ballsaal im Zwischengeschoß gehen. Der Mann, der mir am Abend vorher Platz gemacht hatte, steht an derselben Stelle, nur dieses Mal nicht so eingezwängt. Ich fange an, über die beiden Todesfälle zu reden.

Der Mann, dessen Name Harry Speck lautet, kannte beide Opfer, wenn auch nur flüchtig. Er kann sich nicht daran erinnern, mit wem die beiden vor vierzig Jahren befreundet waren. »Fragen Sie Arvil Ritchey«, schlägt er vor. »Er war Klassensprecher – er kennt jeden.«

Das überrascht mich nicht. Ritchey ist ein Typ, der immer im Mittelpunkt stehen muß. Für den Kongreß zu kandidieren ist nur die Fortsetzung seiner Funktion als Klassensprecher. Er steht immer unter dem Zwang, seine Beliebtheit bestätigt zu bekommen. Er hat die Maklerfirma geerbt, in der er heute den einen Partner darstellt, und er wuchs auf in dem Bewußtsein, daß Geld und Macht Privilegien sind, die Gott höchstpersönlich nur einigen wenigen dazu Auserkorenen schenkte.

Er steht am Eingang des Ballsaals, als ich das Zwischengeschoß erreiche, und grüßt jeden Ankömmling, als handle es sich um eine Privatparty, die er persönlich veranstaltet. Eine Zeitlang beobachte ich ihn von weitem, angewidert von dem süßlichen Charme, den er verströmt, und ich denke, daß er ohne den Vorsprung, den das

Familienvermögen ihm gab, nur ein spießiger, schmieriger Schwätzer wäre.

Als ich Spurner und Rakish erwähne, verliert er einen Augenblick die Fassung. Es ist fast so, als hätte er gehofft, daß der gewaltsame Tod von zwei Klassenkameraden für den heutigen Abend vergessen werden könne. Er nimmt meinen Arm und führt mich in eine stille Ecke, etwas abseits von den anderen. In einem Flüsterton, den man gewöhnlich nur in den Zimmern von Sterbenden hört, sagt er: »Ja, natürlich kannte ich sie. Eine schreckliche Sache. Einfach furchtbar. Was wollen Sie von mir wissen?«

»Wer waren ihre Freunde damals? Mit wem waren die beiden meistens zusammen?«

Er stützt das Kinn in die Hand und versucht, nachdenklich auszusehen. Schließlich sagt er: »Das weiß ich wirklich nicht. Sie waren nicht, nun, wie soll ich sagen –«

»Sie gehörten nicht zu unserer Gruppe«, ertönt eine weibliche Stimme hinter mir. Ich drehte mich um, als Eloise Ritchey neben ihren Mann tritt. »Wir hatten verschiedene Interessen, und so kannte Arv sie natürlich nicht sonderlich gut.«

Natürlich. Kinder von der Westseite hatten mit Kindern aus Shedtown natürlich nichts zu tun.

»Und was ist mit Marcia Hesston?« frage ich. »Kannten Sie sie?«

Eloise zuckt zurück, als hätte ich in der Kirche einen unanständigen Witz erzählt. Auch Arvil sieht schockiert aus. »Nur dem Namen nach«, sagt Eloise. »Und dem Ruf nach, natürlich. Es war wieder –«

Sie beendete den Gedanken nicht, aber es ist auch so klar, was sie sagen wollte. Wenn ein Junge aus Shedtown schon keine Chance hatte, in den Country Club aufgenommen zu werden, dann erst recht nicht ein Mädchen aus Shedtown.

Jack Gerhart, Ritcheys Partner, gesellt sich zu uns. Er spürt die Spannung und plaudert eine Weile unverfänglich, aber zwischen den Kommentaren über die ankommenden Gäste stellt er einige sorgfältig ausgewählte Fragen, um festzustellen, weshalb die Ritcheys so zurückhaltend sind.

Gerhart ist der Partner mit Kopf. Das klügste, was Ritchey je in seinem Leben getan hat, war die Einsicht, daß sein Geld und Gerharts Verstand eine gewinnbringende Kombination darstellen würden. Als Ergebnis dieser Entscheidung hörte die Maklerfirma nicht auf, zu blühen und zu gedeihen.

Als er das Thema unserer Unterhaltung schließlich herausgefunden hat, sagt Gerhart: »Jim und Wendell waren in der Schule wirklich gut, aber Einzelgänger. Es stimmt zwar nicht ganz, wenn man sagen würde, daß sie sich aus der Gosse hochgearbeitet haben, aber sie haben es zweifellos sehr weit gebracht, wenn man bedenkt, wo sie angefangen haben.«

»Haben Sie sie gut gekannt?«

Gerhart schüttelt den Kopf. »Nein, und ich glaube, auch kein anderer kannte sie wirklich gut.«

Ich laufe eine Weile herum, rede mit den anderen, erfahre aber nichts. Als das kalte Buffet eröffnet wird, verlasse ich den Saal und mache mich auf den Weg zur Horners Bar. Ich komme an der alten Schule vorbei und denke, daß, wenn man den Erinnerungen der anderen glauben wollte, Rakish und Spurner die Hallen und Gänge in einem Vakuum durchschritten haben mußten.

Driscoll ist immer noch nicht da, aber überraschenderweise Jake Rickards. Er ist ein Nachmittagstrinker und zieht sich meist schon früh zurück, selbst an Wochenenden. Ihn in der Bar zu treffen, ist wirklich ein Glücksfall.

Die Hocker rechts und links von ihm sind besetzt, also bleibe ich an seinem Ellbogen stehen und sage: »Ich habe heute einen Ihrer alten Artikel gelesen, Jake. Erinnern Sie sich noch an den Mord an Marcia Hesston?«

Er dreht sich um und sieht mich böse an, weil ich die Kühnheit besessen habe, sein Erinnerungsvermögen in Zweifel zu ziehen. »Natürlich erinnere ich mich«, brummt er. »Aber verflucht, das ist schon fast vierzig Jahre her. Wie sind Sie denn ausgerechnet jetzt darauf gestoßen?«

»Ich habe nur ein paar Hintergrundinformationen gesucht zu dem Fahrerflucht-Unfall von heute und dem Mord von gestern nacht.«

»Wieso? Glauben Sie, daß die beiden Fälle etwas miteinander zu tun haben?«

»Es könnte sein. Gab es eigentlich in dem Hesston-Fall jemals eine Verhaftung?«

»Nein, die Polizei hatte zu keiner Zeit eine wirklich heiße Spur.

Alles, was man wußte, war, daß jemand sie in einem Auto mitgenommen hatte. Man nahm an, daß sie im Auto getötet worden war, wahrscheinlich unbeabsichtigt. Wer immer auch bei ihr war, versuchte sie auszuziehen, und sie wehrte sich. Man fand Hautfetzen unter ihren Fingernägeln. Offensichtlich hat derjenige sie ziemlich fest gestoßen, und sie fiel mit dem Kopf gegen etwas Kantiges – vielleicht einen Türgriff. Es war kein harter Schlag, aber wie es sich eben manchmal unglücklich trifft, starb sie daran. Ich habe immer gedacht, daß vielleicht schon vorher irgend etwas mit ihr nicht ganz in Ordnung gewesen sein könnte, und daß selbst ein leichter Stoß deshalb tödlich war.«

»Niemand wußte, mit wem sie an diesem Abend verabredet war?«

»Nein. Sie lebte allein mit ihrer Mutter, und die Mutter arbeitete an jenem Tag Spätschicht. Sie sagte, daß Marcia noch am Morgen nichts von einer Verabredung gesagt hätte. Das Mädchen arbeitete in einem Restaurant in der Stadt, also muß jemand, der sie dort getroffen hat, sie eingeladen haben. Entweder das, oder jemand hat sie noch nach der Arbeit zu Hause besucht und eingeladen.«

»War sie leicht zu haben?«

Jack sieht mich böse an. »Was, Marcia Hesston? Nein! Sie war eine wirkliche Schönheit, aber sehr still. Sang im Kirchenchor und ging nicht sehr viel aus. Ein wirklich nettes Mädchen.«

Als ich zu meinem Hotel zurückgehe, ist die Luft rauh, und der Wind, der im Mai anscheinend nie aufhört, über die Ebene zu wehen, macht es noch kälter. Mein Kopf wird zwar wieder klar, aber trotzdem passen die Puzzlestücke nicht zusammen, und ich schaffe es nicht, ein Bild zusammenzusetzen.

Driscoll kommt durch die Tür, während ich in der Halle die Sonntagszeitung lese. Er schweigt sich aus darüber, wo er die Samstagnacht verbracht hat, will aber genau wissen, welche Fortschritte ich gemacht habe. Die Geschichte des längstvergessenen Mordes interessiert ihn. Als ich ihm sage, daß Rakish neben dem ermordeten Mädchen wohnte, wird er richtig aufgeregt.

»Das ist es, Hal!« ruft er. »Das ist der Schlüssel!«

»Zu welcher Tür, Grady?« Ehe er antworten kann, stehe ich auf und gehe ins Café. Er folgt mir. Ich bestelle ein Brötchen mit

Butter und Kaffee. Driscoll, der die Ideen, die in seinem Kopf herumspuken, nicht stören will, sagt leise: »Für mich auch«, wobei er völlig vergißt, daß er Brötchen nicht mag.

Als die Kellnerin weg ist, präsentiert er mir seine Theorie. Es war Spurner, der das Mädchen mit dem Auto abholt. Rakish war auch dabei. Als sie tot war, gerieten die beiden in Panik und meldeten sich bei der Armee, um allen eventuellen Fragen der Polizei zu entgehen.

Als er fertig ist, lache ich laut. »Okay, Schlaumeier«, faucht er mich an. »Was ist denn daran so verkehrt?«

»Es ist einfach verrückt. Wenn es so passiert wäre, warum wurden die beiden dann umgebracht?«

»Aus Rache.«

»Jemand wußte, daß sie schuldig waren, und wartete achtunddreißig Jahre, bevor er etwas unternahm? Lächerlich!«

»Dann sag doch mal, was du davon hältst, Großmaul.«

»Noch gar nichts, aber nehmen wir einmal an, daß Rakish gesehen hat, mit wem sie wegfuhr, und –«

»Und dann verließ er die Stadt, weil er Angst hatte? Das kaufe ich dir nicht ab, Hal. Und außerdem, wo bleibt bei dieser Version Spurner?«

Ich tue die Frage mit einem Schulterzucken ab. »Wir kommen so nicht weiter. Fahren wir zu Spurners Schwester. Vielleicht kann sie uns etwas sagen.«

Wir fahren die zwei Meilen nach Shedtown in Driscolls altem VW. Das alte Haus der Spurners sieht so klapprig aus wie eine Zigarrenkiste, aber Aluminiumbeschläge halten es noch zusammen, und der kleine Hof und Garten sind sauber und ordentlich.

Gertrude Spurner, eine dünne Frau mit harten Augen, führt uns ins Haus, nachdem ich erklärt habe, weshalb wir gekommen sind. Sie ist froh, daß jemand der Meinung ist, daß hinter dem Tod ihres Bruders mehr steckt als nur ein Raubüberfall.

Als wir im Wohnzimmer sitzen, frage ich: »Daß Wendell sich bei der Armee meldete, war das eine Augenblicksidee?«

»Ja, aber trotzdem keine große Überraschung, weil er sowieso bald eingezogen worden wäre. Den Entschluß, sich zu melden, hat er jedoch plötzlich gefaßt. Er hat es uns allen am Samstagabend gesagt, und am Montagmorgen ist er gefahren.«

»Können Sie sich an dieses Wochenende noch erinnern?« fragt Driscoll. »Ist an diesem Wochenende etwas Außergewöhnliches passiert?«

Sie beißt sich auf die Unterlippe und sagt dann: »Nein, nichts Außergewöhnliches. Am Freitagabend fuhr Wendell in eine Tanzbar in New Castle, wie er es immer tat. Damals war Benzin rationiert, aber er hob sich immer genug für Freitagabend auf.«

»Wieso New Castle?« frage ich.

»Wendell fühlte sich hier in der Stadt nie gern gesehen in den Bars, in die er gern gehen wollte, wo es Big Bands und Tanz gab. So etwas mochte er.«

Driscoll fragt mit verständnislosem Blick: »Nicht gern gesehen?«

Sie sieht ihn abschätzend an. »Wie lange sind Sie schon in Midland, Mister? Wendell war ein Junge aus Shedtown, das dürfen Sie nicht vergessen.«

»Ist an jenem Freitag etwas Ungewöhnliches passiert?« frage ich.

»Nicht daß ich wüßte.«

»Und was ist mit Samstag? Können Sie sich noch erinnern, was Wendell am Samstag tat?«

Einen Augenblick lang reibt sie sich mit dem Finger über die Lippen, dann sagte sie: »Er war fast den ganzen Nachmittag weg. Ja, er kam erst zum Abendessen heim und sagte uns, daß er sich freiwillig melden würde.«

»Haben Sie eine Ahnung, wo er am Samstag war?«

Sie schüttelt den Kopf. »Wendell hat nie viel erzählt. Ich weiß noch, daß er gleich nach dem Mittagessen einen Anruf erhielt. Er wurde nicht oft angerufen, und ich wartete gerade auf einen dringenden Anruf, deshalb erinnere ich mich auch noch. Gleich danach ging er weg.«

»Aber Sie wissen nicht, wer ihn angerufen hat?«

»Nein.«

»Was war vorgestern, am Freitag? Hat er gesagt, daß er jemanden besuchen wolle?«

»Nein, aber wie schon gesagt, hat er nie viel erzählt.«

»Hat er sich in all den Jahren sehr verändert?« fragt Driscoll.

»Nein, nicht sehr. Er ist wohlhabend – ach ja –, und vor ein paar Jahren ist er religiös geworden. Er meinte es sehr ernst damit, aber er hat es nicht jedem unter die Nase gerieben, wie manche Leute es tun.«

Als wir wieder in Driscolls VW sitzen, fragt er: »Und wo stehen wir jetzt?«

»Ich weiß es nicht. Laß uns einen Kaffee trinken.«

Ich suche gleich nach der Telefonzelle, als wir einen dieser antiseptischen Läden betreten, die sich Familienrestaurants nennen, und dann setze ich mich zu Driscoll an den Tisch. »Wen hast du angerufen?« fragt er.

»Irene Rakish. Sie sagt, Jim hat erst von Spurners Tod erfahren, als die Nachricht am Morgen beim Frühstück im Radio kam, kurz bevor er das Haus verließ.«

»Und was soll das bedeuten?«

»Ich glaube, wenn er es schon am Freitagabend erfahren hätte, wäre er zur Polizei gegangen.«

»Und hätte was gesagt?«

»Er hätte erzählt, was im August '42 passiert ist. Ich glaube, er hat gesehen, wer mit Marcia Hesston weggefahren ist, und dann sah Spurner die beiden in der Tanzbar in New Castle. Der Anruf, den Spurner am nächsten Tag erhielt, kam von dem Mörder.«

»Ich kann dir nicht ganz folgen.«

»Nur zwei Leute, Rakish und Spurner nämlich, wußten, wer bei Marcia Hesston war. Sie wurden dafür bezahlt, zu vergessen, was sie wußten, und dazu gehörte auch die Bedingung, daß sie die Stadt verlassen – sich freiwillig bei der Armee melden –, damit man sie nicht verhören konnte.«

Driscoll denkt darüber nach. »Nicht schlecht. So könnte es gewesen sein, aber dann müßte es sich um jemanden mit wirklich viel Geld gehandelt haben. Dann kamen sie nach all den Jahren zurück und wollten mehr, und der Mörder schaffte sie sich endgültig vom Hals.«

»Das glaube ich nicht. Nur Spurner ist zu ihm gegangen, und ich glaube nicht, daß er Geld wollte. Ich glaube, daß er damit gedroht hat zu sagen, was er wußte.« »Aber warum denn, nach all den Jahren?«

»Ich weiß es nicht.«

Driscoll seufzt und läßt sich in den Sessel zurückfallen. Meine Antwort befriedigt ihn nicht. Er will, daß der ganze Fall geordnet und etikettiert vor ihm liegt. Nach einer kleinen Pause sagt er: »Und wer ist unser Mörder?«

»Keine Ahnung«, sage ich, aber das stimmt nicht ganz, denn der erste Schimmer einer Ahnung beginnt sich in meinem Kopf zu formen.

Es ist eine bedrückte Gruppe, die ich mißmutig an einem Tisch der Backstage Bar finde. Alle versuchen, ihren Montagmorgenkater in schwarzem Kaffee zu ersäufen. Driscoll stöhnt, daß die Verhandlung, über die er berichten soll, lang und langweilig werden wird. Granger jammert, daß alle Verbrecher dumm sind und es daher eine Aufgabe für einen Halbidioten ist, über ihre Aktivitäten zu schreiben. Gloria Thompson teilt allen mit, daß die Beschäftigung mit den Verwaltungsleuten der Schule in den letzten Wochen des Schuljahres nur damit enden kann, daß man ihr eine Freifahrt in die staatliche Nervenklinik in Richmond bewilligt.

Als alle sich ausgeweint haben und sich widerwillig an ihre diversen Arbeiten machen, begleite ich Gloria ein Stück ihres Weges und wende mich dann nach Süden, wo sich im Erdgeschoß eines Gebäudes, das erst kürzlich renoviert wurde, die Geschäftsräume von Ritchey, Gerhart und Co. befinden. Der Torbogen aus Backsteinen wirkt eindrucksvoll, und die Eingangshalle ist mit dezenter Eleganz ausgestattet, nur zu dem Zweck, da bin ich mir ganz sicher, den Klienten den Eindruck zu vermitteln, daß dahinter eine grundsolide Firma steckt, die es wert ist, daß man ihr sein gesamtes Vermögen anvertraut, und die es einem dadurch danken wird, daß sie besagtes Vermögen um ein Vielfaches vergrößert.

Jack Gerhart sitzt im zweiten der beiden verglasten Büros. Er winkt mich zu sich, ehe die Empfangssekretärin anfangen kann, mir Fragen zu stellen. Ich kenne ihn schon seit Jahren. Er wird als Pfeiler der Gemeinde betrachtet, aktiv in allen wichtigen Angelegenheiten, bei denen es wahrscheinlich ist, daß sein Name und sein Foto in der Zeitung erscheinen.

Gerhart fragt, ob ich Kaffee haben will, aber ich lehne dankend ab und lasse mich in einem Sessel ihm gegenüber nieder. Er wirkt ungewöhnlich herzlich, und einen Augenblick lang frage ich mich, ob er etwa so dumm ist anzunehmen, ich sei gekommen, um das Vermögen zu investieren, das ich mir bei der Zeitung erarbeitet habe. Aber dann fällt mir ein, daß morgen der Tag der Vorwahl ist und sein Partner kandidiert.

Die Wand hinter ihm – die einzige, die nicht aus Glas besteht – ist mit Fotos von Pferden bedeckt. Gerhart züchtet sie auf einer Farm westlich der Stadt und ist einer der führenden Männer in Midlands Reiterclique. Ich eröffne die Unterhaltung, nachdem ich bereits vorher beschlossen habe, die Taktik »ich weiß die Antwort sowieso schon« anzuwenden.

»Waren Sie dabei, als Ritchey am Freitag nachmittag sich mit Wendell Spurner traf?«

Meine Taktik wirkt. Er vermutet, daß ich bedeutend mehr weiß, als tatsächlich der Fall ist. Seine Wangenmuskeln straffen sich, und seine blaßblauen Augen sind eisig, als er sagt: »Nein, sie haben sich ganz privat in Arvils Büro unterhalten.«

»Sie haben also gar nicht mit ihm gesprochen? Und auch nicht gehört, was gesagt wurde?«

»Ich habe ihn begrüßt, aber es ist nicht meine Angewohnheit, die Unterhaltungen anderer Leute zu belauschen, falls Sie das meinen.«

Ich versichere ihm, daß ich das keinesfalls meine, aber ich bemerke auch, daß sein Büro und das von Ritchey nur durch eine Glasscheibe getrennt sind, die nicht ganz bis zur Decke reicht. Wir reden noch eine Zeitlang über die Geschäfte und die Wahl, dann verabschiede ich mich und gehe die zwei Blocks nach Süden zu dem leeren Lagerhaus, das Ritchey als Hauptquartier für die Wahlkampagne dient.

Der Kandidat befindet sich gerade in einer Versammlung mit mehreren Beratern, und Eloise Ritchey gibt einer Gruppe von Frauen an einer Reihe von Telefonpulten letzte Anweisungen. Sie dreht sich um und führt mich in eine Ecke, wo wir uns ungestört unterhalten können. Ich frage: »Kam Wendell Spurner am Freitag auch hier vorbei, als er Ihren Mann im Büro aufsuchte?«

Einen Augenblick lang sieht sie mich aus schmalen Augen prüfend an, dann sagt sie: »Was wollen Sie eigentlich, Mr. Blinn? Worauf wollen Sie hinaus?«

»Ich versuche nur zu rekonstruieren, was Spurner am Freitag

getan hat.«

»Dann glauben Sie also, daß mehr hinter seinem Tod steckt als ein Raubüberfall?« Ihr Gesicht wirkt angespannt, und rote Flecke erscheinen auf ihren Wangen. Eine harte, ehrgeizige Frau, denke ich, aber ich lächle und sage: »Das weiß ich im Augenblick noch nicht. War er hier?«

»Nein, er war nicht hier, und ich hoffe, daß Sie Arvil jetzt, so kurz vor der Wahl, damit nicht belästigen werden.«

Ich sage ihr, daß das schon alles ist, was ich wissen wollte, und gehe zum Rathaus. Im Mannschaftsraum der Polizei, der sich in einem Anbau befindet, stoße ich auf Greg Staley, Driscolls Freund. Er ist der Beamte, mit dem es sich am einfachsten arbeiten läßt. Wir gehen um die Ecke in ein Café und verbringen eine Stunde damit, den Fall zu diskutieren.

Driscoll sitzt an seinem Schreibtisch, als ich ins Büro zurückkomme. Als er seinen Artikel fertig hat, gehen wir zum Mittagessen ins Backstage, und auf dem Weg erzähle ich ihm, was ich getan habe. Er hört mir ohne Unterbrechung zu, was für ihn ungewöhnlich ist, aber nachdem wir uns gesetzt und bestellt haben, sagt er: »Es war also Ritchey?«

Ich grinse und sage: »Grady, hast du schon jemals etwas gesehen, das wie eine Lösung aussah, ohne dich gleich mit voller Wucht daraufzustürzen?«

»Das ist doch schließlich ganz offensichtlich. Wann treffen wir uns mit Staley?«

»Um halb zwei. Willst du etwa auch mitkommen?«

Der Blick, den er mir zuwirft, spricht für sich selbst.

Die Ritcheys und Jack Gerhart sind zusammen im Hinterzimmer der Wahlkampfzentrale, als Staley, Driscoll und ich ankommen. Alle Farbe weicht aus Ritcheys Gesicht, als er Staley sieht, aber die beiden anderen zeigen keine Reaktion.

Staley, immer noch skeptisch in bezug auf die Schlußfolgerungen, die ich gezogen habe, hat uns gesagt, daß er nur aus Neugier mitgeht, und so sage ich: »Ritchey, wir würden uns gern unter vier Augen mit Ihnen unterhalten.«

Ritchey öffnet den Mund, aber es ist Eloise, die spricht. »Was auch immer Sie mit meinem Mann bereden wollen, können Sie ruhig vor mir und Jack sagen.«

Driscoll kann aufdringliche Frauen nicht ausstehen. Sein Gesicht wird blutrot, und er faucht: »Wir wissen alles, Ritchey. Alles. Sie haben Marcia Hesston damals getötet, und dann haben Sie Rakish und Spurner bestochen, den Mund zu halten.«

Ritcheys Mund ist immer noch offen, aber kein Ton kommt aus seiner Kehle. Eloise springt auf und schreit: »Ihr aufdringlichen Idioten! Arvil hat niemanden umgebracht. Er —«

»Einen Augenblick, Liebling«, sagt Ritchey, der endlich seine Sprache wiedergefunden hat. »Sie wissen es. Ich weiß zwar nicht, wie sie das nach all den Jahren herausgefunden haben, aber sie wissen es.«

Eloise wendet sich ihm zu. »Sag jetzt nichts mehr. Was können sie schon wissen.«

Ritchey nimmt ihre Hand. »Sie wissen es, Liebling.« Dann sieht er Staley an und sagt: »Es war ein Unfall, das müssen Sie mir glauben. Ich habe den Kopf verloren und versucht, es zu vertuschen. Dann, als ich es meinem Vater sagte, hat auch er den Kopf verloren, anstatt mit mir zur Polizei zu gehen. Er hatte Angst um den guten Ruf der Familie.

Jim hatte gesehen, wie ich Marcia abholte, und dann haben wir in einer Tanzbar in New Castle noch Wendell getroffen. Ich war nach New Castle gefahren, weil ich nicht wollte, daß man uns in Midland zusammen sah.« Er hält inne, wirft seiner Frau einen Blick zu und fährt fort: »Vater hat Jim und Wendell ein kleines Vermögen gegeben, damit sie nicht sagten, daß sie mich mit Marcia gesehen hatten. Sie mußten ihm versprechen, sich freiwillig bei der Armee zu melden, damit die Polizei sie nicht vernehmen konnte.«

Driscoll sieht mich triumphierend an. »Siehst du? Es war genauso, wie wir es uns gedacht haben.« Zu Ritchey sagt er: »Und als die beiden dann mehr Geld von Ihnen wollten, haben Sie sie umgebracht.«

»Nein —«, fängt Ritchey an.

Eloise, mit hochrotem Gesicht und blitzenden Augen, stellt sich vor ihn und sagt: »Ihr seid wirklich Idioten. Arv könnte niemanden vorsätzlich töten. Er — er —«

Sie weiß nicht mehr weiter, und Driscoll sagt: »Hören Sie doch auf. Es ist doch ganz klar. Spurner hat ihn wieder erpressen wollen, und deshalb —«

»Jetzt aber Schluß, Grady«, mische ich mich ein. »Spurner wollte kein Geld haben. Nicht wahr, Ritchey?«

»Nein.«

»Er kam zu Ihnen und sagte, er würde der Polizei melden, was im August '42 passiert ist, wenn Sie Ihre Kandidatur für den Kongreß nicht zurückziehen. Stimmt das?«

Ritchey nickt, und Driscoll fragt: »Warum?«

»Weil er all die Jahre über ein schlechtes Gewissen hatte, weil er damals den Mund gehalten hat«, sage ich. »Er schwieg, weil er sein Wort gegeben hatte, aber als er nach Midland zurückkam und erfuhr, daß Ritchey für den Kongreß kandidierte, änderte das die Situation. Er wußte, was Ritchey getan hatte, und er wollte nicht, daß ein solcher Mann im Kongreß sitzen sollte, also drohte er, die ganze Sache auffliegen zu lassen, wenn Ritchey seine Kandidatur nicht zurückzog.«

»Aber trotzdem ist das Ergebnis das gleiche«, sagt Driscoll.

Staley sieht mich wütend an, weil er meint, daß ich ihn an der Nase herumgeführt habe. »Was sagen Sie dazu, Blinn?«

»Ich sage, daß Ritchey für den Tod des Mädchens verantwortlich ist, aber daß er es nicht war, der Spurner und Rakish tötete.«

»Wer war es dann?«

Ich zeige auf Jack Gerhart.

»Jetzt reicht's aber«, sagt Gerhart. »Lassen Sie mich aus der Sache raus.«

»Sie hätten sich selbst heraushalten sollen«, sage ich zu ihm. »Sie haben am Freitag mitbekommen, was zwischen Spurner und Ritchey gesagt wurde, und Sie wußten, daß Ritchey seine Kandidatur nicht zurückziehen würde. Eloise hätte das nie zugelassen. Vielleicht dachte Ritchey auch, Spurner bluffe nur, aber Sie wußten, daß er es ernst meinte. Ihnen war die Wahl ganz egal, aber das Geschäft war Ihnen sehr wichtig. Wie viele Kunden würden Sie wohl noch haben, wenn die Story erst einmal in den Zeitungen stand?«

Gerharts Versuch zu lachen scheitert kläglich. »Lächerlich«, sagt er. »Sie können das alles nie beweisen.«

»Ich glaube doch«, sage ich. Und zu Staley: »Sehen Sie sich doch einmal die Scheune auf seiner Farm an, und ich wette, Sie werden dort einen dunkelfarbenen Lieferwagen mit eingebeulten Kotflügeln finden. Er brachte nämlich auch Rakish um, weil er fürchtete, der würde die Story der Polizei erzählen, wenn er erfuhr, was Spurner zugestoßen war.«

Ohne Warnung springt Gerhart mich an, aber Staley fängt ihn ab. Eloise ist in ihrem Sessel zusammengesunken, plötzlich eine alte Frau. Driscoll sieht mich böse an, völlig verwirrt von der plötzlichen Wendung, die die Dinge genommen haben.

Er ist immer noch sehr kühl, als ich ihn später bei Horners treffe. In weniger als eine Stunde trinkt er fast eine ganze Flasche Bushmills leer. Sein Stolz ist angeknackst. Er denkt nämlich immer, daß er der Schlauste von allen ist.

Tobe Gilson wurde aus dem Gefängnis entlassen, in seiner Zelle sitzt Gerhart. Staley fand den Lieferwagen in der Scheune, und Gerhart steht jetzt unter Mordanklage.

Ritchey hat seine Kandidatur zurückgezogen, ist aber auf freiem Fuß, zumindest noch im Augenblick. Der Staatsanwalt hat Zweifel, ob er nach so langer Zeit einen Fall Marcia Hesston noch vor Gericht bringen kann. Es gibt keine Zeugen, sondern nur uns, die wir sein Geständnis gehört haben, und wenn Ritchey erst einmal mit seinem Anwalt gesprochen hat, wird er wahrscheinlich widerrufen und abstreiten, jemals ein Geständnis gemacht zu haben. Aber trotzdem, es steht alles in der Zeitung, und Ritchey ist in unserer Stadt ein erledigter Mann.

Ich habe Mitleid mit Driscoll und sage: »Du darfst nicht vergessen, Grady, daß ich mehr Zeit hatte, an dem Fall zu arbeiten. Ich hatte wirklich einen großen Vorsprung vor dir.«

Er nickt, und sein Gesicht scheint sich ein bißchen aufzuhellen. Er sagt: »Nun, eine Menge Leute werden morgen deinen Artikel lesen. Jake sagt, daß er ihn auf die erste Seite setzen wird.«

Ich zucke mit den Schultern und bestelle noch eine Runde. Mir ist es ganz egal, wo Jake meinen Artikel bringt – mein Gehaltsscheck wird dadurch nicht höher ausfallen. Keine Überstunden, hat er mir gesagt, obwohl ich am Wochenende gearbeitet habe.

Ich denke an den Freitagabend im Hotel und kann es kaum

fassen, daß erst zweiundsiebzig Stunden vergangen sind. Eigentlich müßte ich das Gefühl haben, denke ich, etwas geleistet zu haben, aber ich fühle mich nur müde.

Originaltitel: CLASS REUNION. 11/81

Andrew Jully

Weg in die Freiheit

Ich ging in der nebligen Abenddämmerung auf dem Rückweg ins Büro durch den Lafayette Park, als ich es aus einem Augenwinkel sah: Ein untersetzter junger Strolch riß eine Handtasche an sich, und ein junges Mädchen schrie; und plötzlich rannte ich los und packte den Kerl, aber er entkam mir, als er wild davonraste.

Sie war schlank, groß und trug das Haar hinter die Ohren zurückgekämmt. Und sogar im Nebel, trotz zunehmender Dunkelheit, konnte ich ihre Augen sehen, die schwarz und weit geöffnet waren und erschrocken blickten – und ihr Mund zitterte ein bißchen.

»Alles in Ordnung. Er ist weg«, sagte ich und fühlte mich ein wenig dumm und außer Atem, als ich die Handtasche hochhielt – sie war aus braunem Leder – und mit dem Ellenbogen meiner Jacke den Staub abwischte. »Hier ist sie«, sagte ich.

Sie nahm die Tasche an sich, und ihr Mund hörte auf zu zittern; dafür zitterte sie noch in ihrer braunen Jacke und dem Rock. »Danke«, meinte sie. »Es geht mir wieder gut, es war ein Schock.«

Ich sah sie an, was mir Wonne bereitete: Sie hatte glänzendes braunes Haar, das glatt war, verlockend aussah und zu einem Knoten zusammengebunden war; eine zarte, lange Nase; sehr helle Haut; einen großen Mund.

»Es geht mir gut«, wiederholte sie und streckte mir die Hand hin.

»Sicher«, antwortete ich. »Ich begleite Sie nach Hause, und Sie werden sich noch besser fühlen.«

Sie schüttelte den Kopf. »Nein, bitte machen Sie keine Umstände, ich wohne ganz in der Nähe.« Sie wirkte verlegen.

»Macht mir gar nichts aus«, sagte ich. »Gehen wir. Ich habe im Moment nichts vor.« Ich ergriff ihren Arm, führte sie den Weg entlang und hinaus auf die H Street. Sie weigerte sich nicht.

Als wir den Park verließen, ging sie zur 16th Street. »Da hinten wohne ich. Es sind nur noch drei Häuserblocks«, erklärte sie mir.

Als wir die K Street erreichten, blieb sie stehen. »Jetzt ist es nur noch ein kurzes Stück«, sagte sie. »Wirklich, es ist alles in Ordnung.«

Sie sprach gutes Englisch. Aber etwas fiel mir auf: Eine Heiserkeit, eine leichte Unbeholfenheit. Ich konnte es nicht genau definieren.

»Nein«, meinte ich. »Bis zu Ihrer Tür schaffe ich es noch. Ich bin wirklich kräftiger als ich aussehe.«

Sie blickte zu mir auf und lächelte ein wenig. Sie deutete über die Straße, und wir überquerten die K Street und dann die 16th Street. Wir gingen die 16th Street entlang; plötzlich hielt sie an und sagte: »Hier wären wir.«

»Hier?« fragte ich. Wir standen vor der sowjetischen Botschaft. »Hier wohnen Sie?«

»Hier wohne und arbeite ich. Sie waren sehr freundlich und höflich zu mir. Ich danke Ihnen ganz herzlich.«

Sie zog ihren Arm unter meinem heraus und streckte mir die Hand hin, und ich ergriff sie und drückte sie fest.

»Moment noch«, sagte ich. Ich wußte nicht, was ich zu ihr sagen sollte, aber ich wollte nicht, daß sie mich so schnell verließ. »Ich begleite Sie zur Tür.« Und ich nahm sie wieder am Arm und führte sie die kurze Auffahrt hinauf.

Eine Russin, dachte ich mir. Aber ich wollte sie nicht einfach so gehen lassen.

An der Tür sagte sie »Vielen Dank« und lächelte. Diesmal war es ein schönes, breites Lächeln, und in ihren Augen tanzten lauter kleine Lichter. »Sie sind so freundlich, nett und aufmerksam gewesen, aber nun muß ich hineingehen. Ich habe noch dringende Arbeit zu erledigen.«

»Hören Sie«, antwortete ich. »Könnten Sie mir nicht Ihren Namen verraten? Welche Funktion erfüllen Sie hier? Mein Name ist Sam Carter; ich bin Journalist; ich bin kein imperialistischer Kriegshetzer.«

Wenn sie lachte, sah sie bezaubernd aus. »Mr. Carter, ich bin sehr unhöflich. Ich heiße Irina Uralova. Ich schreibe über Wirtschaftsfragen. Und Sie sind sehr lustig und nett.«

Ich fuhr fort: »Aber hören Sie, könnten wir – dürfte ich Sie an einem der nächsten Abende zum Essen einladen? Zum Beispiel morgen?«

Sie lächelte nicht mehr. »Oh, das ist unmöglich. Es wäre nicht – ich kann das nicht tun.« Dann entspannte sich ihr Gesicht wieder.

»Ja, ja, Sie könnten mich zum Essen einladen, und ich nehme die Einladung an. Morgen abend?«

»Prima, wie wäre es um halb acht?«

»Ja, halb acht. Und nun muß ich hineingehen.« Sie lächelte, dann wandte sie sich um, öffnete die große Tür und verschwand.

Am nächsten Abend wartete sie bereits auf mich und öffnete mir die Tür der Botschaft, als ich läutete. Sie bat mich nicht herein, sondern trat gleich heraus, als wünschte sie, schnell wegzukommen. Sie sah bezaubernd aus in dem dunkelroten Kleid mit den roten Ohrringen. Wir tranken einige Martinis und aßen eine gute Seezunge bei Paul Young.

Sie besaß erzählerisches Talent. Sie erzählte mir, daß sie in Leningrad die Schule besucht und Examina hinter sich gebracht hatte, um im Auswärtigen Amt aufgenommen zu werden. Und schließlich war sie nach zwei Jahren in Prag in Washington gelandet. Gut, sie war ein Karriere-Mädchen, aber sie hatte ihre Weiblichkeit nicht verloren. Sie war eine *bona fide* Frau.

Aber als ich sie zur Botschaft zurückbrachte, veränderte sie sich. Sie war nervös, hatte es eilig und schüttelte mir kaum die Hand, bevor sie sich umwandte, um die Tür zu öffnen. »Irina«, sagte ich und wollte ihre Hand nehmen, damit sie nicht gleich hineinging, aber sie legte einen Finger auf die Lippen und flüsterte: »Leise!«

»Wann kann ich Sie wiedersehen?« flüsterte ich. Ich kam mir wie ein Spion vor.

»Rufen Sie mich an?«

»Morgen«, sagte ich.

Sie schüttelte leicht den Kopf, dann lächelte sie. »In Ordnung«, meinte sie. »Sicher! Morgen.« Und schon war sie verschwunden.

Auf diese Art lief es Wochen. Ich rief sie am nächsten Tag in der Botschaft an, und nachdem ich sechs Geheimpolizisten in der Leitung hatte, wurde ich endlich mit ihr verbunden. Sie hatte an diesem Abend zu tun, aber am nächsten Abend Zeit. Länger als einen Monat sah ich sie zwei-, manchmal dreimal in der Woche, ohne je einen Fuß in die Botschaft zu setzen. Sie war lebendig und lustig beim Abendessen, ebenso im Kino und beim Tanzen. Aber jede Nacht, wenn ich sie nach Hause brachte, konnte sie es nicht abwarten, mich loszuwerden.

»Irina, ich bin völlig harmlos«, erzählte ich ihr eines Abends. »Ich versuche nicht, irgendwelche Atombomben zu klauen.«

»Verrückte Idee«, antwortete sie. Sie trank ihren Drink aus und berührte meine Hand.

»Es ist nichts, wirklich, Sam. Es ist nur das – meine Vorgesetzten sind ziemlich – streng.«

»Gut, Mata Hari, aber ich fange an, mich altmodisch zu fühlen. Ich würde Ihnen gern richtig den Hof machen. Dieses Versteckspiel verwirrt mich.«

Jedesmal, wenn ich etwas in dieser Richtung erwähnte, lächelte Irina und tätschelte mir die Hand. Sie brauchte nichts zu sagen. Solange ich bei ihr sein durfte, war alles in Ordnung.

Ich umwarb sie, aber nach Moskau-Maßstäben. Sie mußte immer um Mitternacht zu Hause sein, und es gab bestimmte Restaurants, in die sie nicht gehen wollte, weil sie von den anderen Botschaftsangehörigen bevorzugt wurden. Ein paar Male erhielt ich Einladungen zu Wochenend-Hauspartys auf dem Lande, aber sie durfte über Nacht nicht fortbleiben. Einmal kam sie zu mir nach Hause und ließ mich das Abendessen kochen, aber sie war nervös. Sie sagte, die Leute von der Botschaft hätten nichts dagegen, wenn sie sich in öffentlichen Lokalitäten aufhielt, aber sie sagten njet, wenn es um Privatwohnungen ging. Ich fragte sie, wie sie das nachprüfen konnten, und sie sagte, sie wüßte genau, daß es so sei, und überhaupt mußte sie tägliche Berichte schreiben und angeben, wo sie ihre Freizeit verbrachte.

»Du meinst, du mußt so etwas aufschreiben wie: ›Ich aß bei Duke Zeibert's mit Sam Carter zu Abend und erlaubte ihm, meine Hand zu halten‹?« fragte ich sie.

»Ja, das mit Duke Zeibert's schreibe ich auf, allerdings nicht das Händchenhalten, und manchmal erfinde ich einen anderen Namen für dich.«

»Aber weshalb?«

»Ach, wahrscheinlich lassen sie sich nicht hinter's Licht führen, aber ich versuche es trotzdem. Es ist besser, sie wissen nicht, daß ich immer mit demselben Mann zusammen bin. Macht es dir etwas aus?«

Es machte mir nichts aus. Fünfunddreißig Jahre hatte ich ohne eine ernsthafte Romanze hinter mich gebracht, aber nun war ich verliebt. Ich liebte dieses russische Mädchen und hatte den Wunsch, sie zu heiraten – ob sie nun Kommunistin war oder nicht –, aber ich wußte nicht, wie ich es anfangen sollte. War ich ein Verräter, wenn ich eine Kommunistin heiratete? Wenn sie Irina Uralova war, und ich mich in sie verliebt hatte?

»Bist du Kommunistin?« fragte ich sie.

Sie blickte mich über den Tisch hinweg an, und ihre Augen schienen mich zu taxieren. »Ja, Sam, das bin ich. Ich bin eine gute, patriotische Sowjetbürgerin. Ich wurde zur Kommunistin erzogen. Ja, ich bin ein linientreues Parteimitglied, sonst hätte ich nicht diese gute Stellung hier an der sowjetischen Botschaft bekommen.« Sie blickte auf den Tisch und legte ihr Messer auf den Teller. »Aber, was das Wichtigste ist, ich liebe dich, Sam. Ich liebe Sam Carter, den Demokraten.«

Sie blickte mich mit schimmernden Augen an, und einen Moment lang starrte ich sie einfach an. Dann beugte ich mich plötzlich über den Tisch und küßte sie, was schwierig war, weil die Martinigläser im Weg standen. Und ich sagte ihr eine Menge Dinge, aber meistens »Liebling«. Wir sprachen so viel, daß wir kaum zum Essen kamen. Es war eine herrlich triviale Unterhaltung, die sich nur um uns drehte, und wie wir als Kinder gelebt hatten, und ob ich mir wirklich gern Ballett ansähe.

»Laß uns bald heiraten«, schlug ich vor. »Zum Beispiel nächste Woche oder morgen.« Auf einmal sahen Irinas Augen völlig anders aus. »Sam, mein Liebling, wir können nicht heiraten.«

Dann erzählte sie mir, warum. Es war die alte Geschichte von der Geisel zu Hause. In diesem Fall war es Irinas Mutter, die zwar nicht in Rußland lebte, sondern zur Zeit in Polen. Sie war Harfinistin und befand sich gerade auf einer Konzertreise durch die Satellitenstaaten.

»Jetzt weißt du, warum wir nicht heiraten können, Sam. Wenn wir es täten, wüßte ich nicht, was meiner Mutter zustoßen würde. Das ist das Damoklesschwert, das über unseren Köpfen hängt, über dem Kopf von jedem, der die Sowjetunion verläßt.

»Aber ist sie nicht auch eine gute Kommunistin?« fragte ich Irina. »Wie könnten sie ihr irgend etwas antun?«

»Sam, Liebling, in erster Linie ist meine Mutter keine Kommunistin. Sie ist Künstlerin. Sie geht mit den Kommunisten konform, aber sie ist unpolitisch. Sie würden sie ruinieren.«

»Sie könnten deiner Mutter doch nichts antun, bloß, weil du einen Amerikaner heiratest«, erwiderte ich, aber ich glaubte meinen eigenen Worten nicht. Ich wußte über diese Dinge Bescheid, und sie waren immer bedeutungslos für mich gewesen. Nun waren sie da und berührten mich persönlich. Sie griffen mit ihren dreckigen Händen in mein Leben ein.

»Sie könnten und sie würden es, Sam. Hör mir zu, mein lieber Demokrat. Du hast mich verändert. Ich bin immer eine gute Kommunistin gewesen. Ich habe versucht, sowohl der Partei als auch meinem Vaterland treu zu sein. Ich wäre es noch, wenn ich dich nicht getroffen hätte. Aber nun, da ich verliebt bin, frage ich mich, ob mit der Partei alles stimmt. An einem System muß etwas faul sein, das zwei Leute, die sich lieben, nicht heiraten läßt – das an unschuldigen Leuten Rache nimmt. Aber ich kann nichts dagegen tun. Selbst wenn ich meine Mutter nicht lieben würde, könnte ich nicht das Leben eines anderen Menschen für mein Glück opfern.«

Ich fühlte mich elend, aber im gleichen Moment begann ich kühl zu kalkulieren. Ich dachte nüchtern über die Situation nach. Das elende Gefühl und die Wut spornten mein Denken an.

»Wir werden die Sache schon in Ordnung bringen«, sagte ich. »Wir werden deine Mutter herüberholen. Wir schaffen es. Ich kenne ein paar Leute.« Ich wußte nicht, welche Leute ich meinte, aber ich wußte, daß es Leute gab, die uns helfen konnten. Ihre Namen würden mir später einfallen.

Irina sah es nicht ein. Sie wollte nicht glauben, daß ein Amerikaner ihrer Mutter helfen könnte. Der Paß ihrer Mutter galt nur innerhalb der Ostblockstaaten. Die Polen würden sie nicht herauslassen, selbst wenn sie ein amerikanisches Visum besäße.

»Kein Grund zur Unruhe«, sagte ich. »Ich werde mich mit einigen Leuten in Verbindung setzen. Laß uns heute abend nicht mehr davon sprechen.«

Wir tranken darauf beide einen Brandy, und als ich Irina zur Botschaft fuhr, küßte sie mich an der Tür, bevor sie hineinging. »Das wünschte ich mir seit dieser ersten Nacht schon immer«, erklärte sie.

Als ich am nächsten Morgen aufwachte, fiel mir der Name eines dieser Leute ein, an die ich gedacht hatte: Eddie Maloney. Er war der Public-Relations-Direktor der kolumbianischen Luftfahrtgesellschaft, und er stand auf gutem Fuß mit Leuten, die sich auf internationalem Parkett emporgearbeitet hatten.

Ich rief Eddie an, der sich glücklicherweise in der Stadt befand. Wir aßen zusammen zu Mittag, und ich erzählte ihm alles.

»Ich kenne da jemanden in Warschau«, meinte er. »Er steht in meiner Schuld. Ich glaube, ich kann mit ihm ins Geschäft kommen. Er kann sich um den Paß kümmern. Er kann der Mutter deiner Freundin einen neuen besorgen oder eine neue Seite einsetzen. Ich werde mit ihm Kontakt aufnehmen.« Ich fragte Eddie nicht, wie er mit diesem Paßexperten Kontakt aufnehmen würde. Ich wollte es nicht wissen, und ich wußte, daß Eddie es vorziehen würde, nicht mit mir darüber zu reden.

Nach dem Mittagessen ging ich zu einem Mann im Außenministerium, den ich kannte. Wir waren zusammen in Korea gewesen und waren gute Freunde. Wir sprachen über Dinge wie Kulturaustausch und die Bedeutung, Künstlern aus den Ostblockländern Visa zu besorgen, und ich nannte ihm den Namen von Irinas Mutter; er kam sofort zur Sache.

»Wenn jemand ihr einen neuen Paß organisieren kann, geben wir ihr ein Touristenvisum«, sagte er. »Aber mach dich darauf gefaßt, daß die Dame von uns überwacht werden wird, nur für den Fall, daß die Kommunisten sie als Trojanisches Pferd benutzen. Ich liebe Romanzen, aber wir lassen uns nicht gern übers Ohr hauen.«

Insofern stimmte alles. Ich wußte, daß Irina okay war, und ihre Mutter ebenfalls. Ich hatte keine Ahnung, warum ich das wußte, aber so war es. Mein Freund vom Außenministerium hatte das Recht, sich zu vergewissern, aber ich war mir sicher, daß die Angelegenheit in Ordnung gehen würde.

Diesen Abend fuhr ich mit Irina nach Georgetown zum Essen, in eines ihrer Lieblingsrestaurants. Sie fand es so schön amerikanisch. Ich erzählte ihr, daß wir den Paß ihrer Mutter praktisch in der Tasche hätten.

Zuerst konnte sie es nicht glauben. »Das gibt es nicht. Sie sind da drüben zu streng.«

»Wir können es versuchen. Mein Freund sagt, daß es, falls es klappt, nicht länger als eine Woche dauert. Wir haben ein paar zuverlässige Kontaktpersonen, die für uns arbeiten. Irina streckte die Hand über den Tisch und nahm meine. »Ich vertraue dir, Sam. Ich werde warten und Vertrauen haben.«

Irina meinte, es wäre am besten, daß wir uns nicht treffen sollten, bis wir Nachricht von ihrer Mutter hätten. »Wir müssen es vermeiden, die Leute von der Botschaft mißtrauisch zu machen. Sie interessieren sich bereits für uns, aber sie meinen, daß es für mich von Nutzen sein könnte, einen amerikanischen Journalisten zu kennen, der mir etwas Wichtiges verraten könnte.«

»Erzähl ihnen, daß ich häufig ein heißes Thema parat habe, das du mir aber Stück für Stück aus der Nase ziehen mußt.«

Ich rief Irina diese Woche nicht in der Botschaft an. Sie telefonierte mit mir mehrere Mal von Telefonen außerhalb der Botschaft und erzählte mir, daß alles in Ordnung zu sein schien. Sie berichtete mir, daß einer der Leute in der Botschaft, ein Geheimpolizist, sie nach mir gefragt hatte. Und sie hatte ihm erwidert, daß ich etwas langweilig geworden wäre.

»Wie kommst du darauf!« meinte ich. »Ich bin einer der unterhaltsamsten Journalisten von Amerika.«

Irina lachte: »Und so bescheiden.«

Am nächsten Montagmorgen rief mich Eddie Maloney zu Hause an, als ich mich gerade rasierte.

»Es hat geklappt«, erzählte er. »Die Alte ist im Moment praktisch auf dem Weg nach London.«

Ich war so überrascht, daß ich ein bißchen albern reagierte. »Sie ist keine Alte«, sagte ich scharf. »Sie ist Irinas Mutter.« Dann begann ich, ihn auszufragen.

»Nur mit der Ruhe«, erwiderte er. »Zuerst besorgten wir ihr ein Visum für England. Wir hielten das für weniger verdächtig. Unsere Botschaft wird sich in London um sie kümmern. Es dauert nur noch ein paar Tage. Aber sie ist in Sicherheit.«

Es war alles vorbei. Als ich schließlich einhängte, war ich so aufgeregt, daß ich mich zweimal schnitt. Ich wollte Irina am liebsten gleich anrufen, wußte aber, daß es praktisch unmöglich war, bevor sie um zehn Uhr an ihrem Arbeitsplatz erschien. Ich ging in den Drugstore hinunter und trank vier Tassen Kaffee.

Zwei Minuten nach zehn rief ich Irina von meinem Büro aus an. Ich konnte ihr am Telefon nichts erzählen, also verabredete ich mich mit ihr im Mayflower zum Mittagessen.

Ich erzählte es Irina im Vorraum. Zuerst schien sie verwirrt zu sein, und sie hielt meinen Arm fest, als wir in die Bar gingen, aber sie beruhigte sich, während ich Drinks bestellte. Nachdem Eddie Maloney gesagt hatte, daß er im Laufe des Tages Nachricht über die Ankunft von Irinas Mutter in London bekommen würde, beschlossen wir, daß Irina am besten gleich nach dem Mittagessen in die Botschaft zurückkehren und dort warten sollte.

»Wir halten uns ganz still, bis meine Mutter in London ankommt«, sagte Irina. »Wir wissen ja noch nicht einmal, ob sie Warschau schon verlassen hat. Wenn sie sie nicht ausreisen lassen und feststellen, daß ich meinen Posten hier verlassen habe, werden sie sie einsperren. Sam, sie würde einfach verschwinden. Ich muß auf jeden Fall vermeiden, daß sie ihr etwas antun.«

Ich mußte zugeben, daß das vernünftig war, also setzte ich Irina nach dem Essen in ein Taxi, und sie kehrte zu ihrer Botschaft zurück. Ich rief meinen Freund vom Außenministerium an, und er sagte, alles liefe nach Plan. Ich ging in mein Büro, um zu warten und zu schwitzen.

Um vier Uhr rief Eddie Maloney an. »Sie ist in London«, sagte er. »Sie kam vor ungefähr einer Stunde an. Jetzt kannst du dich entspannen, mein Junge.«

Nun war es überstanden. Alles, was ich jetzt zu tun hatte, war, mich mit Irina in Verbindung zu setzen und mich mit ihr zum Abendessen zu verabreden. Und die Botschaft würde sie nicht mehr wiedersehen. Ich rief in der Botschaft an.

Wie gewöhnlich dauerte es einige Zeit. Ich wurde dreimal verbunden. Die letzte Stimme sagte es mir: »Irina Uralova kann nicht ans Telefon kommen. Sie ist krank.« Dann hängte er ein.

Ich rief in der Botschaft drei weitere Male an. Und immer wieder bekam ich die gleiche Antwort: Irina Uralova könne nicht ans Telefon gehen. Man brauchte bei mir nicht die Holzhammermethode anzuwenden, damit ich merkte, daß etwas schiefgelaufen war. Ich war wie von Sinnen. Ich rief sofort Briggs im Außenministerium an, und er antwortete mir so offen, wie er es manchmal fertigbringt.

»Sie haben sie eingesperrt«, sagte er. »Sie müssen irgend etwas aus Warschau – oder aus Moskau erfahren haben.«

»Verdammt, was soll ich jetzt tun?«

»Bete«, antwortete er, »oder versuch, sie zu entführen.«

Ich saß an meinem Schreibtisch und merkte nicht, daß der Redaktionsraum voller Leute war. Ich mußte nachdenken. Es war witzlos, zur Botschaft hinüberzugehen und zu verlangen, Irina zu sprechen. Sie saß wie in einem Gefängnis, und es gab keine Besuchszeiten. Ich konnte auch nicht auf der Straße draußen stehen und ihr in der Zelle zuwinken.

Moment mal; ich konnte ihr doch in der Zelle zuwinken. Ich erinnerte mich daran, daß ich sie immer damit aufgezogen hatte, daß sie neben dem kapitalistischen Universitätsklub wohnte. Und sie hatte mir erzählt, daß sie nachts immer aus dem Fenster blickte und die Klubmitglieder beobachtete, die im Gebäude drüben saßen, lasen oder Billard spielten. Einmal, als wir an der Botschaft vorübergingen, hatte sie mir die beiden Fenster ihres Zimmers im vierten Stock gezeigt, die auf die Gasse zwischen der Botschaft und dem Klub hinausgingen.

Ich konnte ihr also zuwinken, falls sie sich in ihrem Zimmer befand. Ich konnte ihr vom Universitätsklub aus zuwinken und ihr eine Nachricht übermitteln – irgendwie. Aber was für eine Nachricht?

Ich saß da und dachte nach, bis ich Kopfschmerzen bekam. Es war nicht genug, ihr nur zuzuwinken, sie nur zu sehen. Ich mußte ihr irgend etwas mitteilen, einen Plan, wie ich sie aus der Botschaft herausholen wollte. Dann kam die Erleuchtung. Meine Blicke wanderten zu einem aufgeschlagen daliegenden Exemplar der *Washington Post*, und da stand in einer Schlagzeile: »Heute abend Empfang der sowjetischen Botschaft.« Es war der siebte November, und die Botschaft hielt ihren jährlichen offiziellen Empfang zu Ehren der Revolution ab.

Ich nahm ein Taxi zum Universitätsklub, ging in das Büro des Geschäftsführers und erzählte ihm, daß ich für etwa fünfzehn Minuten ein Zimmer im vierten Stock benötigte. Er dachte, ich wäre verrückt. Ich nahm ihm das nicht übel, aber ich tat ja nichts Illegales und hoffte, daß er mir meine Bitte gewähren würde. Er dachte eine Minute lang darüber nach, hob dann seine Hände und sagte okay, aber wenn ich ihn in irgendwelche Schwierigkeiten brächte . . .

Ehrlich gesagt, wer in Schwierigkeiten geraten könnte, war mir egal. Ich wollte Irina nur aus ihrem Gefängnis herausholen.

Der Geschäftsführer begleitete mich persönlich in eines der Zimmer im vierten Stock. »Also gut«, sagte er. »Sie können eine Stunde hier bleiben.«

Es hätte nicht besser laufen können. Irinas Fenster befanden sich fast genau gegenüber. Ich öffnete das Fenster und sah auf die Gasse hinunter. Sie war menschenleer. Also griff ich in meine Tasche und zog eine Handvoll Kieselsteine heraus. Ich nahm eines der Steinchen und warf es über die Gasse hinweg gegen eines von Irinas Fenstern. Das gab ein lautes Geräusch.

Ich wartete etwa eine Minute, aber nichts geschah; dann warf ich den nächsten Kieselstein. Er ging daneben. Ich warf noch einen. Wieder daneben! Ich zitterte und zündete mir eine Zigarette an, um meine Nerven zu beruhigen. Dann warf ich wieder ein Steinchen, und er traf das Fenster mit lautem Klappern.

Plötzlich erschien Irina. Ich sah, wie ihre Hände die gelben Vorhänge auseinanderzogen, dann erblickte ich ihr Gesicht und ihr braunes Haar. Sie sah auf die Gasse hinunter, und ich wollte schon losbrüllen, als sie zu mir herübersah und mich erblickte. Sie schien sich umzudrehen, als ob sie erschrocken sei, dann zog sie die Vorhänge weiter auseinander, sah mich an und lächelte. Ich wollte hinüberspringen, laut rufen und über die Gasse fliegen, um sie in die Arme zu nehmen, aber ich ging zum Wesentlichen über. Ich legte den Finger an meine Lippen und zog ein Stück Pappe aus der Tasche. Darauf hatte ich, bevor ich mein Büro verließ, etwas geschrieben. Ich hielt es hoch, damit sie die großen Blockbuchstaben erkennen konnte. Da stand: WIR SEHEN UNS HEUTE ABEND. HALTE DICH BEREIT.

Sie blinzelte, dann preßte sie ihr Gesicht fester an die Scheibe. Sie nickte, und ich konnte an ihren Lippen ablesen, daß sie antwortete: »Ja, ja – heute abend.«

Dann hielt ich einen zweiten Pappdeckel hoch. Darauf stand: HARFINISTIN IN LONDON. Sie nickte wieder, lächelte, und ihre Augen schimmerten.

Jetzt hob Irina den Finger, wandte sich um und kehrte in ein paar Sekunden mit einem Stück Papier zurück. Sie legte es an die Scheibe, um darauf zu schreiben; dann drehte sie es um. Ich las: »Immer eine Wache im Flur.«

Ich nickte, um ihr zu zeigen, daß ich verstanden hatte, warf ihr eine Kußhand zu, verließ das Fenster und das Zimmer. Ich ging hinunter und rief im Büro an. Dort lag eine Nachricht, daß ich Eddie Maloney anrufen sollte. Ich ging in eine Telefonzelle und wurde mit ihm verbunden.

»Mein Mann in Warschau hat mich benachrichtigt«, sagte er. »Die sowjetische Botschaft dort hatte Verdacht geschöpft, aber ihr Agent kam zu spät am Flugplatz an, um sich die Mutter deines Mädchens noch zu schnappen. Also sandten sie der Botschaft hier eine Nachricht, Irina unter Arrest zu stellen. Sie wird nach Moskau zurückgeschickt. Tut mir leid, Sam.«

Ich berichtete ihm, daß die Angelegenheit schon in Ordnung ginge. Ich hätte einen Plan und würde ihn wissen lassen, wie es ausging. Er sagte, ich sollte ihm Bescheid geben, falls ich ihn noch einmal brauchte, aber jetzt lag es an mir.

Vom Universitätsklub ging ich zu einem Laden und kaufte ein paar Sachen. Dann ging ich zur Zwanzigsten Straße und stattete einem mir befreundeten Augenarzt einen Besuch ab. Als ich ihn verließ, wurde es Zeit, nach Hause zu gehen und mich für das Fest in der Botschaft umzuziehen.

Der Empfang begann um sechs Uhr. Ich verließ meine Wohnung um halb sieben. Ich wollte erst in der Botschaft ankommen, wenn der Empfang in vollem Gange war. Die Gegenstände, die ich gekauft hatte, nahmen in den Taschen meines blauen Anzugs nicht viel Raum ein, aber der Gegenstand, den ich unter meiner Hose am rechten Oberschenkel festgebunden hatte, fühlte sich ungewohnt an.

Um die Zeit totzuschlagen, ging ich die zehn Querstraßen von meiner Wohnung zur Botschaft zu Fuß. Ich besah mir die Schaufenster, die auf dem Weg lagen, und es schlug fast sieben Uhr, als ich die Auffahrt zur Botschaft erreichte. Im Foyer drängten sich bereits die Gäste. Ich glaubte nicht, daß mich irgendein Mitglied der Botschaft vom Aussehen her kannte, aber das spielte keine

Rolle. Es ging so sehr drunter und drüber, daß sich niemand irgend jemanden genauer ansah. Und überhaupt schien jeder mit seinem Drink beschäftigt zu sein.

Die Haupttreppe zum Ballsaal im ersten Stock war von Leuten belagert, die darauf warteten, vom Botschafter empfangen zu werden. Ich arbeitete mich mit dem Ellenbogen durch die Masse, wodurch ich mich nicht gerade beliebt machte, und blieb an der Wand am oberen Ende der Treppe stehen.

Ich konnte den Botschafter nicht sehen, und er konnte mich nicht sehen, weil sich die lange Reihe von Leuten zwischen uns befand. Aber ich wußte, daß er in der Nähe des Eingangs zum Ballsaal stand und seine Gäste begrüßte. Ich wußte noch etwas – daß es eine Hintertreppe gab, die man erreichte, wenn man durch den kleinen Anrichteraum zu meiner Rechten ging. Ich hatte sie einmal auf einem anderen Botschaftsempfang entdeckt, als ich die Herrentoilette suchte.

Die Zeit war gekommen, sich erneut zu verirren, nur diesmal mit voller Absicht. Ich schlich mich an der Wand entlang und nickte beschwipsten Männern zu, die sackartige Anzüge trugen und zottelige Frisuren hatten, und erreichte den Anrichteraum. Kellner und Dienstmädchen eilten hin und her und klapperten mit Tabletts voller Gläser und Hors d'œuvres. Das war ideal, denn niemandem fiel es auf, daß ich aus dem Anrichtraum auf den kleinen Flur schlüpfte. Ich blieb einen Augenblick stehen, aber ich war allein, und dann ging ich die Stufen hinauf.

Ich mußte drei Stockwerke hinaufgehen und traf niemanden. Ich blieb stehen, als ich den Absatz im vierten Stock erreichte, um Atem zu holen und nachzudenken.

Meine Hand schloß sich um den Türgriff, und ich bewegte ihn leicht. Er quietschte leise, und die Haare standen mir zu Berge. Ich bewegte den Griff einen Moment überhaupt nicht, dann drehte ich ihn weiter. Dieses Mal gab er kein Geräusch von sich. Ich drehte so lange, bis sich die Türsperre löste, dann lehnte ich mich gegen die Tür und öffnete sie einen Spalt – etwa zweieinhalb Zentimeter.

Ich preßte mein Auge gegen den Spalt und sah, daß ich mich auf der Seite zum Universitätsklub befand. Und während ich die Türen im Gang zählte, sah ich Irinas Tür, die sich drei Türen weiter hinten im Gang befand. Kein Wächter war im Korridor, zumindest nicht, soweit ich sehen konnte. Ich wußte nicht, ob sich jemand hinter der Tür aufhielt, aber dieses Risiko mußte ich eingehen.

Plötzlich war meine Hand ganz ruhig, obwohl ich ein pelziges Gefühl im Mund hatte. Ich öffnete die Tür vorsichtig und langsam, und als der Spalt groß genug für mich war, ging ich durch die Tür in den Korridor und drehte mich schnell um, damit ich hinter die Tür blicken konnte. Niemand war da.

Ich stieß die Tür zu und ging zu Irinas Zimmer hinunter. Nach etwa fünf Schritten öffnete sich die erste Tür vor mir in der Reihe. Ich war noch ungefähr einen Meter davon entfernt, blieb stehen und preßte mich gegen die Wand. Die Tür ging nach innen auf, anders als die Tür der Treppe, die sich in den Gang geöffnet hatte –, und sie öffnete sich langsam.

Es war der Wächter. Er trug eine grüne Uniform mit roten Biesen, und als er heraustrat, wandte er mir den Rücken zu, um die Tür leise zu schließen. In der einen Hand hielt er eine Flasche Wodka; der Tölpel hatte sich Alkohol besorgt, damit er hier oben seine Privatparty feiern konnte. Dann drehte er sich um, sah mich, seine Augen öffneten sich weit, und sein Mund bewegte sich, ohne einen Laut von sich zu geben. Ich wartete nicht ab. Ich legte alle Kraft in meine rechte Faust und traf sein Kinn mit einem dumpfen Schlag. Ich hätte es nie geschafft, wenn ich ihn nicht überrascht hätte, aber die Dinge lagen günstig für mich. Er torkelte hin und her.

Ich verlor keine Zeit und versetzte ihm einen kräftigen Schlag in die Leistengegend, er stolperte gegen die Wand und sank bewußtlos daran herab. Ich zog eine kleine Flasche aus meiner Tasche, die ich von dem mir befreundeten Augenarzt erhalten hatte. Ich schraubte den Verschluß auf und goß eine ziemliche Menge Chloroform auf mein Taschentuch, kniete nieder und hielt es über den Mund der Wache.

Der Arzt hatte gesagt, zwei Minuten würden reichen, aber ich wollte sichergehen und hielt ihm das Taschentuch drei Minuten vor den Mund. Dann steckte ich das Taschentuch wieder ein, rannte den Korridor hinunter und öffnete Irinas Tür.

Sie stand da und trug eine hellbraune Jacke mit dazu passendem Rock. Eine Minute lang schloß ich sie in die Arme, dann sagte ich: »Wir müssen uns beeilen. Hilf mir mal, diesen Klotz hier ins Zimmer zu ziehen.«

Nachdem wir ihn in Irinas Zimmer geschleift hatten, meinte ich: »Okay, und nun an die Arbeit.«

Ich holte ein Barbierschere aus meiner Tasche. Dann öffnete ich meine Gürtelschnalle, faßte in die Hose und holte eine Spraydose heraus, die an meinem Oberschenkel festgebunden war. Ich zeigte sie Irina. »Ein Haarfärbemittel«, sagte ich. »Blond. Wir besprühen dein Haar damit. Es ist abwaschbar.«

Sie verstand sofort. Sie sagte kein Wort und setzte sich einfach in einen Sessel, so daß ich mit der Schere ans Werk gehen konnte. Ich schnitt ihr die Haare schnell ab und verlieh ihrer Frisur etwas Ähnliches mit einem Bubikopf. Es war eine unangenehme Arbeit, aber sie sah mit Sicherheit anders aus. Irina stand auf und blickte in den Spiegel über ihrem Toilettentisch, dann nahm sie mir die Schere aus der Hand und korrigierte den Schnitt. Als sie fertig war, sah sie hübscher aus.

Wir versuchten gar nicht erst, fantasievoll mit dem Haarfärbemittel umzugehen. Zuerst nahm Irina eine Haarbürste und bearbeitete damit ihr Haar, bis es ihr in Büscheln vom Kopf abstand. Dann setzte sie sich hin, und ich machte mich mit der Spraydose an die Arbeit. Ich sprühte und sprühte, versuchte, den Haaransatz zu erreichen und sorgte dafür, daß aus Braun Blond wurde. Als ich fertig war, gab es keine Zweifel mehr über ihre Haarfarbe. Sie war blond.

Irina sah wieder in den Spiegel und zog eine Grimasse. Aber sie sagte kein Wort. Ich ging zu ihr und küßte sie.

»Es sieht ziemlich schlimm aus, Liebling, aber genau das wollen wir ja.«

Sie lächelte: »Vielleicht lasse ich es so.«

»Vielleicht auch nicht«, erwiderte ich. »Jetzt noch etwas.«

Ich faßte in die Innentasche meines Jackets und zog eine Sonnenbrille mit Schmetterlingsgestell hervor. Als Irina sie aufgesetzt hatte, war sie nicht mehr Irina Uralova, sowjetische Wirtschaftsexpertin, sondern eine dieser amerikanischen Frauen, die alles versuchen, um Aufsehen zu erregen.

»Du siehst entsetzlich aus«, meinte ich, »aber ich liebe dich.«

Irina lachte, zog sich aus und ging zum Schrank. Sie holte ein hellblaues Abendkleid und dazu passende Schuhe heraus, schlüpfte hinein und war zum Gehen bereit, bevor ich damit fertig war, die Hände und Füße der Wache mit zwei Drahtstücken festzubinden. Das war doppelte Absicherung. Ich wußte genau, daß er jetzt für einige Zeit aus dem Verkehr gezogen war.

Wir gingen die Treppe hinunter, ohne gestört zu werden. Ich war nervös, als wir die Tür zum Anrichteraum öffneten, aber Irina nahm die Sache in die Hand. Im Anrichteraum ging es noch immer drunter und drüber, und Irina paßte gut hinein. Ein Dutzend Kellner sahen uns kommen und blickten überrascht auf, aber Irina ging genau auf sie zu.

»Ooh, russischer Kaviar!« rief sie mit schriller Stimme, nahm zwei Schnittchen von einem Tablett, steckte sich das eine in den Mund und gab mir das andere. Dann winkte sie den Kellnern zu, und wir rauschten aus dem Anrichteraum hinaus. Ich wußte, was die Kellner dachten: Wieder so eine beschwipste amerikanische Kuh.

Draußen auf dem Absatz der großen Treppe schien es Probleme zu geben, aber nicht wegen der Russen. Es ging immer noch zu wie beim Sturm auf die Bastille, mit Drinks, die in die Rückenausschnitte der Damen verschüttet wurden, und Ellenbogen, die in die Rippen stießen, und das war eigentlich alles ganz gut.

Aber wir hatten nicht an Gladys McAdams gedacht. Gladys war eine dieser berühmten Washingtoner Gesellschaftsdamen, die sich jedesmal, wenn sie jemanden sah, den sie kannte, in Szene setzen mußte. Gladys kannte mich, und ganz sicher würde sie sich bei mir in Szene setzen. Sie unterhielt sich mit einem russischen Offizier, einem Riesenkerl, der genügend Orden auf der Brust trug, um damit die liberianische Armee für zehn Jahre zu versorgen. Und wir drängten uns möglichst unauffällig zur Treppe vor und versuchten, niemanden anzublicken, als Gladys mich erspähte.

»Sam, Sam, Liiiebling!« schrie sie gellend, und dann stand sie vor uns und versperrte uns den Weg. Und der russische Offizier war an ihrer Seite, strahlte und ließ zwei Goldzähne funkeln.

»Liiiebster«, kreischte Gladys mit ihrer bewährten Partystimme, »du wirst dich doch wohl hier nicht verkrümeln, ohne mich zu begrüßen! Und wer ist dieses bezaubernde Wesen an deiner Seite?«

»Hallo, Gladys«, sagte ich, »ich muß jetzt gehen und über dieses

Fest einen Artikel schreiben.«

Gladys ergriff meinen Arm. »Nicht, bevor du meinen faszinierenden General kennengelernt hast!« rief sie. »Sam, das hier ist General Artkinov. Ein ganz großes Tier in Moskau.«

Ich schüttelte dem General die Hand, aber er sah mich nicht an. Er starrte nur Irina an. Man konnte sie auch anstarren, obwohl sie andererseits ganz natürlich wirkte, wenn man lange genug in diesem Land gelebt hatte und einige unserer Beatnik-Frauen gesehen hatte.

»Und die Dame?« Er sagte es sanft, ohne den Blick von Irina zu wenden. Also jetzt kommt es, dachte ich mir. »Das ist Miss Hamilton«, stellte ich sie vor. »Sie schreibt. Das heißt, sie ist Schriftstellerin.« Mich überkam eine plötzliche Eingebung. »Gedichte«, fügte ich hinzu.

»Eine Dichterin!« schrie Gladys. »Du meinst, eine echte Dichterin?«

Der General ergriff Irinas Hand und hielt sie fest, blickte Irina an und lächelte sein Goldzahnlächeln. »Ich bin ein Freund der Dichtkunst«, sagte er.

Irina lächelte ihn ihrerseits an – dann zwinkerte sie mit den Augen. »Danke«, erwiderte sie. »Ich werde für Sie ein Sonett schreiben.« Sie sprach wie eine dieser Frauen, die in Cafés herumhängen, wo sie die ganze Nacht Kaffee trinken und Blankverse herausschleudern.

»Auch ich liebe Dichtkunst«, sagte ich. »Ich werde einen Artikel über Miss Hamilton schreiben. Aber nun müssen wir wirklich gehen.«

Der General wandte sich um und sah mich ziemlich lange an. Er schien zu versuchen, sich etwas in die Erinnerung zurückzurufen, mich einzuordnen, wie jemand, der spürt, daß etwas nicht stimmt, es aber nicht beweisen kann.

»Wir müssen jetzt gehen«, wiederholte ich.« »Gute Nacht, Gladys, gute Nacht, General.« Und wir gingen die Treppe hinunter.

Wir waren gerade unten angekommen, als ich mich umblickte. Der General kam ebenfalls die Treppe herunter – er nahm zwei Stufen auf einmal und starrte uns an.

»Da kommt der General«, flüsterte ich Irina zu. »Mach dich

bereit, loszurennen. Kennst du ihn?«

»Nein; ich glaube, er gehört zum Abschirmdienst. Sie haben außerhalb der Botschaft ihre Büros. Aber ich bin sicher, daß er ein Geheimpolizist ist.«

Wir gingen weiter, während wir uns unterhielten, und hatten gerade die von einem Lakaien bewachte Eingangstür erreicht, als General Artkinov uns eingeholt hatte.

»Geh weiter«, sagte ich zu Irina. »Bleib nicht stehen.«

Dann fühlte ich General Artkinovs Hand auf meiner Schulter, und bevor ich mich umdrehte, sah ich Irina an der Tür stehen, aber der Lakai öffnete sie nicht.

»Ja, General?« fragte ich – und meine Faust und mein Knie waren in Alarmbereitschaft. Drei Burschen in bauschigen Hosen, offensichtlich Leute vom Geheimdienst, standen an der einen Wand und beobachteten uns. Dann sah ich einen vierten Mann hinübergehen und sich zu den Lakaien gesellen, der mit Irina an der Tür stand. Es wirkte alles so zufällig, daß niemand im Foyer etwas zu bemerken schien.

General Artkinov räusperte sich wie ein Bankier, der im Begriff ist, ein Darlehen zu verweigern. »Mr. Carter«, sagte er, »als wir uns oben trafen, war ich sicher, Ihren Namen schon gehört zu haben. Jetzt weiß ich, warum.« Er sprach in legerem Umgangston, und er lächelte wie ein guter Gastgeber, der noch ein paar letzte Worte an den Gast richtet, bevor er ihm eine gute Nacht wünscht. »Es war dumm von mir, aber jetzt weiß ich, wer Sie sind. Vielleicht wären Sie so gut, mit mir für einen kurzen Augenblick ins nächste Zimmer zu gehen. Ich möchte Sie gern über etwas informieren.«

Ich dachte mir, es hat schließlich doch nicht geklappt, aber ich schwieg. Ich zermarterte mir das Hirn.

Artkinov wandte sich an Irina. »Ich bin sicher, daß die Dame uns entschuldigen wird.« Er lächelte sie breit an, so daß sie wieder einen Blick auf seine Goldzähne werfen konnte. Irina erwiderte das Lächeln. Das Mädchen hatte Nerven wie Drahtseile.

»Aber gern, General, aber ich habe nicht allzuviel Zeit«, sagte ich.

»Es dauert nicht lange«, erwiderte Artkinov, »und Miss Hamilton wird noch da sein, wenn wir fertig sind. Ich bin sicher, wir können ihn diesbezüglich beruhigen, nicht wahr, Miss Hamilton?«

Irina nickte: »Natürlich, General«, meinte sie. Dann wandte sie sich an mich: »Aber vergiß den Redaktionsschluß nicht, Sam.«

Der General öffnete die Tür eines kleinen Vorzimmers. Ich betrat den Raum und dachte: Ich kann immer noch versuchen, ihn anzugreifen und dann die Eingangstür erreichen. Hier war der Wunsch der Vater des Gedankens.

Artkinov schloß die Tür und wandte sich mir zu. Er bot mir keinen Stuhl an, sondern kam gleich zur Sache. »Wie schon erwähnt, Mr. Carter, ich weiß, wer Sie sind, und möchte nicht Ihre Zeit vergeuden. Ich möchte Ihnen eine Nachricht an eine Dame mitgeben, eine Sowjetbürgerin, die kürzlich als Touristin in London eintraf.«

Wir saßen in der Falle. Wir waren von zivilisierten Leuten umgeben, aber wir waren gefangen.

»Ich verstehe nicht, General«, warf ich ein. Ich zögerte die Angelegenheit hinaus und versuchte nachzudenken. Auch wenn ich eine Schlägerei anfinge, würde es nicht klappen.

»Ich glaube, Sie verstehen mich doch, Mr. Carter«, sagte der General und lächelte immer noch. »Ich möchte niemanden in Panik versetzen, aber bitte, sorgen Sie doch dafür, daß die Dame in London informiert wird, daß ihre Tochter – sehr krank ist. Und daß die Mutter ihre Tochter niemals wiedersehen wird, falls sie nicht mit dem nächsten Flugzeug nach Moskau zurückkehrt.«

Er lächelte ununterbrochen mit diesen beiden Goldzähnen und streckte mir die Hand hin.

Ich ergriff sie wie in Trance. Ich konnte es kaum fassen. Es hatte geklappt, wir hatten es geschafft.

Artkinov kannte mich, aber nicht Irina. Sie sagte, sie hätte ihn nie gesehen. Wahrscheinlich war sie nur eine Nummer für ihn, aber kein bekanntes Gesicht. Vielleicht war sie zu unwichtig für ihn. Und er wußte nichts von dem Wachtposten oben in Irinas Zimmer.

»Und nun wünsche ich Ihnen eine gute Nacht, Mr. Carter«, sagte der General zu mir. »Es war so nett, daß Sie kommen konnten.« Er öffnete die Tür, und wir traten ins Foyer hinaus. Dann blickte er zu Irina hinüber und verbeugte sich aus der Taille.

»Gute Nacht, Miss Hamilton«, verabschiedete er sich. »Ich hoffe, daß ich eines Tages das Vergnügen haben werde, einige Ihrer Gedichte zu lesen.«

Irina gönnte ihm ein schwaches Lächeln, als ich zur Eingangstür ging und ihren Arm ergriff. Einer der Lakaien öffnete uns die Tür.

Ich drehte mich zum General um. Ich fühlte mich schwindelig und wurde mir plötzlich des Schmerzes in meiner rechten Faust bewußt. Der Wächter hatte ein hartes Kinn gehabt.

»Gute Nacht, General Artkinov«, sagte ich. »Es war ein eindrucksvolles Fest.«

Und Irina und ich gingen durch die Tür, die Auffahrt zur Straße hinunter und dann die Sechzehnte Straße zum Weißen Haus entlang.

Originaltitel: WALK TO FREEDOM.

Übersetzt von Claudia Wahl-Mühling

Carroll Mayers

Der Aussteiger

Also gut, ich erzähle Ihnen die ganze Geschichte, aber ich sage Ihnen gleich, daß sie teilweise ziemlich haarsträubend klingt.

Zunächst einmal wollte ich in jener Nacht meinen Ohren nicht trauen. Frankie Coll war einer der besten Partner, den ich je gehabt hatte. Seit wir vor fünf Monaten ein Team gegründet hatten – die Identität unserer Neigungen war während einer Unterhaltung in einer Bar offensichtlich geworden –, hatten wir eine Glückssträhne gehabt. Meistens in Vorortbanken. Im Augenblick lagen in unserem Hotelzimmer zweiundfünfzigtausend Dollar gut versteckt im Schrank. Und doch hatte Frankie mir gerade gesagt, daß er aussteigen wollte.

»Du willst *was*?«

»Ich habe beschlossen, nicht mehr mitzumachen, Lou«, wiederholte er. »Ich steige aus.«

Ich starrte ihn nur an. »Weshalb denn bloß? Wir sind doch gerade so gut im Geschäft –«

Er machte eine vage Handbewegung. Er war schlank und drahtig, dunkel und gutaussehend. »Unser letzter Job war mir ein bißchen zu haarig.«

Das mußte ich zugeben. Wir wollten uns gerade mit den zweiundfünfzigtausend aus dem Staub machen, als sich uns ein vorbeifahrender Streifenwagen in den Weg stellte. Wir schafften es zwar, ihn abzuhängen, aber erst nach einer nervenaufreibenden Verfolgungsjagd über enge Landstraßen, wobei viel geschossen wurde, bis der Streifenwagen schließlich im Straßengraben landete. Nachdem wir ihn los waren, jagten wir trotzdem weiter, bis wir schließlich zweihundert Kilometer weiter in diesem gottverlassenen Kaff names Madison Springs haltmachten. Wir wollten uns für eine Woche ruhig und unauffällig verhalten.

»Wir waren auch schon vorher in heiklen Situationen«, sagte ich.

Frankie nickte. »Ich weiß. Aber es ist nicht nur das. Ich mag dieses Städtchen. Es ist ruhig und erholsam. Hier kann man sich von der Hetze des Lebens zurückziehen und sich niederlassen.«

Ich war da anderer Meinung. »O ja, es ist ruhig hier«, sagte ich.

»Langeweile hoch zwei. Du wirst die Wände hochgehen.«

Er schüttelte den Kopf. »Nicht unbedingt. Nicht, wenn ich etwas zu tun hätte.«

Und dann erzählte er mir alles. Der Besitzer des Tabakladens gab sein Geschäft auf und wollte zu seinem Bruder nach Arizona ziehen, aus gesundheitlichen Gründen. Frankie hatte mit dem Mann geredet, und der hatte ihm angeboten, ihm den Laden für fünfundzwanzigtausend Dollar zu verkaufen – die Hälfte unserer Beute.

Ich habe Ihnen ja gesagt, daß meine Geschichte ganz schön haarsträubend klingt. Frankie,Coll, Bankräuber, auf dem Reformtrip, auf dem Weg zu einem ehrbaren Leben. Es war zum Lachen.

Aber Frankie fand das gar nicht. »Ich werde es tun, Lou«, sagte er ernst. »Es gibt noch zwei andere Interessenten. Ich muß mich also schnell entscheiden und schnell handeln.«

»Aber das kannst du nicht!« protestierte ich. »Abgesehen von allem anderen hast du nicht die leiseste Ahnung, wie man einen Tabakladen führt.«

»Das kann ich lernen«, sagte Frankie.

Natürlich kam noch mehr hinzu. Wir diskutierten über seinen verrückten Plan mehr als drei Stunden lang. Ich sagte sogar, wie einfach es für uns wäre, unsere zweiundfünfzigtausend dadurch zu vermehren, daß wir die Bank in Madison Springs auf unserem Weg aus der Stadt ausräumten. »Es wäre ein Kinderspiel. Ich habe schon alles überprüft. Keine Alarmanlage, keine Kameras, nur ein alter Wächter –«

Frankie hörte mir gar nicht zu. »Spar dir deine Worte, Lou. Ich habe meinen Entschluß gefaßt.«

Das war's also. Als wir um zwei Uhr ins Bett gingen, wußte ich, daß ich verloren hatte. Und ich war traurig, weil wir beide gemeinsam bestimmt eine glänzende Zukunft gehabt hätten – genug Geld, Mädchen, Nachtleben, Ausflüge nach Las Vegas.

Verflucht! Als ich in der Dunkelheit lag und nicht schlafen konnte, wurde ich von Minute zu Minute deprimierter, bis ich auf einmal kein bißchen deprimiert mehr war. Mein Puls ging schneller, als ich mir den Einfall noch einmal durch den Kopf gehen ließ. In der nächsten Minute stieg ich lautlos aus dem Bett.

Ich zog mich leise an, nahm den Sack mit dem Geld aus dem

Schrank, kritzelte im Dunkeln ein paar Zeilen für Frankie und legte den Zettel zusammen mit zweitausend Dollar auf die Kommode. Dann schlich ich mich die Hintertreppe hinab, stieg in unseren Chevy und fuhr los. Eine Stunde später lag Madison Springs weit hinter mir.

Die Einzelheiten meines Plan nahmen während der Fahrt Gestalt an. Meine Schwester arbeitete nachts als Kellnerin in einer Bar in Capital City. In fünf bis sechs Stunden konnte ich dort sein. Sue war zwar mit meinem Lebensstil nicht einverstanden, aber sie hatte es aufgegeben, mich ändern zu wollen.

Sie war auch mit ihrer eigenen Situation nicht allzu glücklich, was kein Wunder war bei all den Kriechern mit den hungrigen Augen und den vier Händen, die sie bedienen mußte. Aber sie hielt durch, und ich schickte ihr so oft ich konnte ein paar hundert Dollar.

Ich hatte immer noch vor, mich für eine Weile ruhig und unauffällig zu verhalten, und ich wußte, daß Sue mich bei sich aufnehmen würde.

»Lou!« Sie umarmte mich herzlich und küßte mich, als ich kurz nach acht Uhr an ihrer Wohnungstür klingelte. »Was um alles in der Welt –«

Wir hatten uns seit fast einem Jahr nicht mehr gesehen, und ich fand, daß sie blendend aussah. Dunkles Haar mit einem rötlichen Schimmer, rauchgraue Augen, eine erstklassige Figur. »Hallo, Schwesterherz«, sagte ich. »Alles in Ordnung?«

Sie reagierte mit einem komischen kleinen Lächeln. »Natürlich, wie immer.« Dann fügte sie ernsthaft hinzu: »Und wie sieht es bei dir aus? Du bist doch nicht in Schwierigkeiten?«

»Keine Spur«, sagte ich. »Aber ich würde gern eine Zeitlang hierbleiben.«

Trotz meiner Beteuerung war sie immer noch skeptisch, also erzählte ich ihr die ganze komische Geschichte. »Auf dem Zettel«, schloß ich, »habe ich Frankie gesagt, daß ich in zwei Wochen mit dem ganzen Geld in einem Motel sein werde, in dem wir schon öfter abgestiegen sind. Bis dahin wird der Tabakhändler den Laden an jemand anderen verkauft haben. Es gab noch zwei andere Interessenten.« Ich grinste. »Und ohne Kapital hat Frankie keine Chance. Er wird kommen, und dann können wir weitermachen wie bisher.«

Sue runzelte die Stirn. Sie kannte Frankie zwar nicht, aber offensichtlich fand sie meinen Plan nicht so gut. »Das ist ein schäbiger Trick, Lou.«

»Ich mußte es tun«, sagte ich. »Wir beide sind ein so gutes Team.«

Sue war nachdenklich. Nach einem Moment sagte sie: »Du bist hier natürlich herzlich willkommen, aber da sind zwei Punkte –«

»Welche?«

»Das Geld zum Beispiel. Du solltest dir besser ein Schließfach in einer Bank mieten. Ich wohne nicht gerade in der besten Gegend. Einbrüche sind hier keine Seltenheit.«

»Gute Idee«, sagte ich. »Und wo liegt das zweite Problem?«

Sie deutete auf eine kleine Reisetasche neben der Tür. »Du wirst auswärts essen oder einkaufen und selbst kochen müssen. Ich fahre für zwei Wochen mit einer Freundin weg. Wir treffen uns um neun Uhr am Busbahnhof.« Sie deutete auf die Küche. »Ich kann dir noch nicht einmal ein Frühstück anbieten. Ich habe den Kühlschrank gestern abend leer gemacht.«

»Ist doch kein Problem«, sagte ich und füllte meine Brieftasche mit ein paar Hundertern aus dem Geldsack. »Ich fahre dich zum Bus, frühstücke irgendwo, kaufe ein bißchen was ein und hole dann mein Aufbewahrungsgut hier ab. Bis dahin haben die Banken bestimmt geöffnet. Wo ist denn überhaupt die nächste?«

Und genauso lief auch alles ab, bis auf einen kleinen, aber dennoch wichtigen Punkt. Wieder sehr haarsträubend, aber ich habe Sie ja gewarnt. Eine Stunde später, als ich die Wohnung wieder betrat, mußte ich feststellen, daß das Küchenfenster eingeschlagen und die Wohnung durchsucht worden war.

Natürlich war der Geldsack verschwunden.

Ich fluchte und tobte, trat gegen die Möbel, schob sie wieder an ihre alte Stelle, und trat wieder dagegen. Aber schließlich ging mir die Puste aus. Ich war auch zu blöd gewesen. Ich hatte es geradezu herausgefordert. Ich hätte den Sack mitnehmen sollen. Sue hatte mir schließlich gesagt, daß sie nicht in der besten Gegend wohnte, und in so einer Gegend sind Einbrüche an der Tagesordnung.

Was stand mir jetzt bevor? Zwei ruhige Wochen in einer leeren Wohnung stellten meine nächste Zukunft dar. Ich hatte noch genug Geld, um mich bequem über die Runden zu bringen. Und wenn ich dann Frankie wiedertreffen würde, dachte ich, würde sich alles normalisieren. Dann würden wir einfach ein paar schnelle Jobs durchziehen und wieder bei Kasse sein.

Ich hatte immer noch vor, die Verabredung im Motel einzuhalten. Und ich war mir ganz sicher, daß Frankie ebenfalls kommen würde. Er hatte bestimmt geflucht, als er entdeckte, daß ich mich aus dem Staub gemacht hatte, aber er hatte keine Ahnung, wo er mich in der Zwischenzeit auftreiben konnte. Und im Laufe der Zeit würde er den wahren Grund für mein Verschwinden erkennen und es zu schätzen wissen, daß unsere Beziehung mir so wichtig war, daß ich mich sogar zu so unfeinen Handlungen hinreißen ließ.

Also saß ich meine Zeit ab, ruhte mich aus, reparierte das Küchenfenster. Am Tag vor der Verabredung im Motel schrieb ich Sue einen Zettel mit meinem herzlichsten Dank, gab den Schlüssel bei der Nachbarin ab und machte mich auf den Weg.

Um die Wahrheit zu sagen, ich hatte ein bißchen Schiß vor der Begegnung mit Frankie. Ich wußte, daß er wütend sein würde, vor allem wenn er hörte, daß man mir das Geld gestohlen hatte. Aber ich dachte mir, daß ich ihn beschwichtigen könnte und wir uns wieder vertragen würden.

Ich hätte mir keine Sorgen machen müssen. Frankie kam nicht.

Ich verstand das nicht. Ich wartete drei Tage, weil ich dachte, er habe vielleicht ein Transportproblem, nachdem ich schließlich unser Auto mitgenommen hatte. Aber das konnte eigentlich nicht der Grund sein. Frankie hätte sich ein Auto mieten oder den Bus nehmen können.

Schließlich gab ich es auf. Ich konnte mir zwar nicht vorstellen, daß Frankie immer noch in Madison Springs war, aber vielleicht hatte er zu dem Tabakhändler etwas gesagt, das mir verraten würde, wohin er von dort aus gegangen war.

Nach drei Tagen fuhr ich also zurück, und die ganze Geschichte strebte ihrem verrückten Höhepunkt zu. Denn Frankie war immer noch in Madison Springs. Mehr noch, er stand vor dem Tabakladen, und als ich anhielt und ausstieg, sah er mich weder böse an, noch fluchte er.

Statt dessen grinste er und winkte mir zu: »Hallo, Lou.«

Ich war mir gar nicht so sicher, wie ich darauf reagieren sollte. »Hallo, Frankie«, sagte ich vorsichtig.

Sein Lächeln verflog nicht. »Ich habe dich erwartet«, sagte er. »Das heißt, eigentlich müßte ich sagen: ›wir‹.«

Ich blinzelte erstaunt. »Wer ist wir?«

»Der neue Besitzer und ich«, sagte Frankie. »Komm rein, dann stelle ich dich vor.«

Wahrscheinlich wissen Sie jetzt schon, was kommt. Sie haben recht. Der neue Besitzer war meine Schwester.

Sue lächelte, als ich sie ungläubig anstarrte. »Überrascht, Lou? Das solltest du aber nicht sein.«

Und plötzlich wurde mir alles klar. Ich sah Sue intensiv an und brachte sogar den Anflug eines Lächelns zustande. »Hattest du tatsächlich vor, in Urlaub zu fahren?«

Sie nickte. »O ja, bis du kamst und mir deine Geschichte erzähltest.« Sie wechselte einen Blick mit Frankie. »Dann hatte ich eine bessere Idee.«

Das hatte sie – einen genialen Einfall, der ihr einen Ausweg aus der unerfreulichen Situation zeigte, in der sie steckte. Den Grundstein hatte sie gelegt mit ihrer Bemerkung über die nicht gerade gute Wohngegend. Nachdem ich sie am Busbahnhof abgesetzt hatte und damit beschäftigt war, zu frühstücken und einzukaufen, lief sie in die Wohnung zurück, schloß mit einem Zweitschlüssel auf, schlug das Fenster ein, durchwühlte die Wohnung, schnappte sich den Sack mit dem Geld und fuhr so schnell sie konnte nach Madison Springs, um den Tabakladen zu kaufen.

Ich holte tief Luft. »Schlau, sehr schlau«, sagte ich.

Frankie sagte: »Zuerst bin ich an die Decke gegangen, Lou, und das meine ich wörtlich.« Dann lachte er. »Aber dann hat sich ja alles zum Besten gewendet. Deine Hälfte von der Beute ist immer noch hier. Sind wir wieder Freunde?«

Haarsträubend, wie ich schon sagte. Sue und Frankie kommen prima miteinander aus und haben vor, nächsten Monat zu heiraten. Vielleicht war Frankies Idee doch nicht so schlecht. Vielleicht werde ich auch den Weg der Besserung einschlagen, wenn ich rauskomme.

Natürlich wird das erst in ein paar Jahren der Fall sein, und bis dahin habe ich reichlich Zeit, über Frankies »sind wir wieder Freunde?« nachzudenken. Auch wenn Sue meine Schwester ist, könnte er trotzdem die Absicht gehabt haben, sich an mir zu rächen, weil ich ihn sitzengelassen hatte. Er konnte sich denken, daß ich, ehe ich die Stadt verließ, vorhatte, mein Vermögen von fünfundzwanzig Riesen durch einen Überfall auf die Bank von Madison Springs zu vermehren, und es wäre nicht schwer gewesen, dem alten Bankwärter einen freundlichen Tip zu geben. Aber ob es wirklich so war, werde ich wohl nie erfahren.

Originaltitel: REFORM MOVEMENT. 3/80

Dan Marlowe

Ein salopper Betrug

Der Schnappschuß zeigte eine Blondine mit langem, salopp nach hinten gekämmten Haar. Sie trug Shorts und eine unter der Brust geknotete Bluse, was darauf hindeutete, daß sie sich auch gern salopp kleidete. »Ganz nett«, sagte ich und reichte das Foto an Burk Larson zurück, den Leiter der Ermittlungsabteilung der Argo Versicherungsgesellschaft.

»Ganz nett?« fauchte Larson. »Ich will sie im Kittchen sehen. Kapiert? Sie hat Argo in den letzten fünf Jahren ein Vermögen gekostet.«

»Da muß sie ja jung angefangen haben.«

»Hat sie auch, und zwar von Anfang an als Profi.« In Larsons Stimme klang ein Anflug von Respekt mit. »Letzte Woche hatten wir zum erstenmal genug gegen sie in der Hand, daß wir sie vor Gericht zitieren lassen konnten, und selbst dann noch ist sie uns mit einem reizenden Lächeln durch die Lappen gegangen.«

»Sie muß ja ein wahres Wunder sein, wenn Sie schon nach Hilfe rufen, Burk«, bemerkte ich fröhlich.

»Ich kann Ihnen gern erzählen, was für ein Wunder sie ist«, antwortete er grimmig. »Vor fünf Jahren stürzte sie im Foyer eines Chicagoer Theaters und drohte damit, vor Gericht zu gehen. Nach langen Verhandlungen erklärte sie sich dann doch mit einer Abfindung einverstanden und zog die Klage zurück. Ein Jahr später ertrank ihr Mann, den sie gerade erst zehn Tage vorher geheiratet hatte, in Atlantic City, und sie kassierte zehntausend Dollar aus einer kurz vorher abgeschlossenen Lebensversicherung. Im Jahr darauf brannte eine Boutique, die sie sich in Los Angeles gekauft hatte, bis auf die Grundmauern ab, und wir mußten ihr schon wieder fünfzehntausend Dollar auf den Tisch legen. Anfang dieses Jahres mußten wir ein teures Brillantcollier ersetzen, das sie als gestohlen gemeldet hatte.«

Im Geiste hatte ich mitgerechnet. »Damit kommt sie auf ungefähr dreizehntausend Dollar im Jahr, Burk. So wie sie aussieht, könnte sie mindestens genauso viel als Fotomodell verdienen. Sind Sie sicher, daß die Schadensfälle nicht doch vielleicht echt waren?«

»Das ist nur, was sie von Argo kassiert hat«, sagte er mit Betonung. »Sie macht noch mit einem halben Dutzend anderer Versicherungsgesellschaften ihr schmutziges Geschäft.«

»Womit haben Sie sie vor Gericht gebracht?«

»Scheckbetrug. Sie hat für dreißigtausend Dollar ungedeckte Schecks in Zahlung gegeben, für die wir aufkommen müssen.«

»Die Schecks, der Beweis für die Betrügereien, lagen doch schließlich vor und belasteten sie«, sagte ich. »Wie hat sie es geschafft, sich da rauszuwinden?«

»Sie hat alle Schecks in Supermärkten der Silver-Star-Kette eingelöst, die bei uns gegen Verluste dieser Art versichert ist.« Larson schüttelte den Kopf. »Ich glaubte, da könne uns nichts passieren. Die Geschäfte akzeptieren Schecks nur, wenn gleichzeitig auch eine besondere, von Silver Star ausgestellte Scheckkarte vorgelegt wird, und diese Karten sind nicht so leicht zu bekommen. Der Antragsteller muß einen detaillierten Fragebogen ausfüllen, Bankreferenzen angeben, sich fotografieren lassen, und außerdem wird der Daumenabdruck abgenommen. Dann läßt sich die Firma ein paar Wochen Zeit, um alles zu überprüfen, ehe sie die Karte ausstellt und aushändigt.«

»Und sie hat es geschafft? Da muß sie doch falsche Angaben gemacht haben, die trotzdem die Überprüfung überstanden.«

»Nein, sie hat ihren Namen angegeben und eigenhändig unterschrieben.«

»Und ist trotzdem durchgekommen?« fragte ich ungläubig.

»Es war mein Fehler«, sagte Larson beschämt. »Bei ihrer Vergangenheit dachte ich, daß wir sie endlich hätten. Ich bot ihr sogar an, für sie ein gutes Wort beim Richter einzulegen, wenn sie das Geld zurückzahlte, aber sie hat mich nur ausgelacht.«

»Ich kann mir einfach nicht vorstellen, was sie zu ihrer Verteidigung vorbringen konnte. Es ist einfach unmöglich.«

»Gar nicht. Sie verteidigte sich auf die älteste Art der Welt. Sie sagte, daß jemand anderer ihren Namen benutzt hätte.«

»Aber bei den Beweisen, die Sie hatten —«

»Wie schon gesagt, ich war zu gutgläubig.« Er rieb sich verlegen die Wange. »Sie gab zu, daß die Unterschrift auf den Schecks wie ihre aussähe, und daß das Foto der Frau auf der Scheckkarte ihr verblüffend ähnlich sei, aber sie sagte auch, daß der Daumenabdruck auf der Karte nicht von ihr sein könne – und das war er auch nicht.«

Ich pfiff leise.

»Ja, ich weiß«, sagte er. »Weshalb habe ich das nicht überprüfen lassen, ehe wir vor Gericht gingen? Weil ich mir so sicher war.« Seine Stimme verklang. »Und sie hatte immer allein gearbeitet. Es wäre mir nie eingefallen anzunehmen, daß sie einen Komplizen haben könnte, jemand, dessen Daumenabdruck sie auf der Karte benutzte. Die Geschworenen brauchten etwa fünfzehn Sekunden, um sie freizusprechen.«

»Haben Sie versucht, den Daumenabdruck des Komplizen zu überprüfen?«

»Natürlich. Wir haben Fotokopien zum FBI nach Washington geschickt und zum kalifornischen Sicherheitsbüro in Sacramento. Die beiden haben die größte Fingerabdruckkartei, aber unser Abdruck war nirgends registriert.«

»Und was soll ich jetzt tun?«

»Sie wird etwas anderes versuchen, und wenn sie das tut, will ich, daß Sie ihr so dicht auf den Fersen sind, daß Sie ihr Parfüm riechen können. Ich zahle fünftausend Dollar für Beweise, die sie hinter Schloß und Riegel bringen. Und weitere tausend lege ich auf den Tisch, wenn Sie mir erzählen können, wie sie uns dieses Mal reingelegt hat.«

Ich sah mir das Foto der Frau noch einmal an. Sie sah wirklich sehr lässig aus, selbst verglichen mit den anderen leichtgekleideten Kunden, die man im Hintergrund sehen konnte. »Nach der Kleidung der Leute auf dem Foto zu urteilen, muß es in einem der Supermärkte am Strand gemacht worden sein«, sagte ich. »Haben Sie noch Schecks vorliegen, die Sie bei der Gerichtsverhandlung noch nicht in der Hand hatten? Also Schecks, mit denen man sie noch einmal anklagen könnte?«

»Mehr als mir lieb sind. Aber was kann das schon nützen? Sie wird einfach dieselbe Strategie anwenden und wieder damit durchkommen.«

Ich hielt ihm das Foto vor die Nase. »Das Geschäft hatte sehr viel Betrieb, als sie ihren Antrag stellte. Obwohl sie so toll aussieht, wird ihr in dem Gedränge keiner große Beachtung geschenkt haben. Der Kassierer gab ihr wahrscheinlich das Stempelkissen und sagte ihr, wohin der Daumenabdruck gehörte. Und dann mußte sie nur schnell hinter das Regal mit den Konservendosen treten, das man hier links sieht.«

»Was?«

»Sie hatte keinen Komplizen«, sagte ich. »Sie hat es allein gemacht. Finden Sie sie, bringen Sie sie vor Gericht und lassen Sie sie noch einmal durch die Mühle laufen.«

»Hören Sie, Sie –«

»Und wenn sie bei der nächsten Verhandlung wieder einen Fingerabdruckexperten verlangt, soll er auch gleich ihre Zehen überprüfen. Auf dem Foto kann man ihre Füße nicht sehen, aber ich wette, daß sie keine Schnürstiefel trug.«

Ich sah in Burk Larsons verblüfftes Gesicht. »Und achten Sie darauf, daß Sie auf dem Honorarscheck über sechstausend Dollar meinen Namen richtig schreiben.«

Originaltitel: A CASUAL CRIME. 3/80

Copyright 1966 by Signature

S. S. Rafferty

Das unfertige Salmagundi

Man kann sich bei Captain Cork darauf verlassen, daß er eine schlechte Gewohnheit ausgerechnet in dem Augenblick aufgibt, in dem man es am wenigsten erwartet. Wann immer wir in der New Yorker Kolonie sind, halten seine gesellschaftlichen Aktivitäten ihn die ganze Nacht beschäftigt, und er schläft immer bis mittags. Aber an dem Tag, als die Küche des Trauernden Schwans mit einem Auftrag für eine Feier voll ausgelastet war und die Laufkundschaft erst zum Mittagessen erwartet wurde, da erschien er um Punkt zehn Uhr aus seinen Gemächern, und zwar mit dem Ausdruck eines ausgehungerten Wolfes auf dem Gesicht. Ich hatte eine Heidenangst davor, ihm die schlechte Nachricht mitzuteilen, weil ich genau wußte, daß er wie eine Breitseite explodieren würde.

»Was für ein Auftrag?« röhrte er.

»Es handelt sich um eine Frühstückseinladung, Captain. Aber ich kann ja schnell zum Whitehall Slip gehen und Ihre Austern holen. Es wird nur ein paar Minuten dauern. Und ich kann einen Apple Knock genauso gut mixen wie der Barkeeper unten.«

Seine Augen verengten sich vor Ärger, und ich wußte, daß er für eine neue Salve nachlud. Ich hatte das schlimmste Verbrechen begangen, das man sich denken konnte – ich hatte mich wie ein Dienstbote benommen. Ich arbeite für ihn als sein finanzieller Berater und bemühe mich verzweifelt, ihn zum reichsten Mann der Kolonie zu machen – und das würde mir auch gelingen, wenn er nur einen Teil seiner Aufmerksamkeit seinen zahlreichen Gütern widmen wollte und den Gelegenheiten, die diese Kolonien bieten.

Aber Cork hat noch andere Fehler als nur sein Langschläfertum und seine Zecherei rund um die Uhr und Damen und Würfelspiel und Rennwetten. Seine größte Schwäche liegt in seiner Leidenschaft für gesellschaftliche Rätselspiele, wie er es nennt. Wir normalen Sterblichen würden dazu die Aufklärung von Verbrechen sagen.

»Oaks, ich will Dermott in zwei Minuten hier sehen, mit Verlaub«, brüllte er.

Gelegentlich, vor allem wenn er wütend ist, fällt Cork in die Sprache des Achterdecks zurück, was eigentlich komisch ist, denn er hat schon seit mindestens vier Jahren keinen Fuß mehr auf das Handelsschiff gesetzt, das ihm gehört. Und wo wir schon einmal dabei sind: auch auf die vielen anderen Unternehmungen, die ich für ihn überall in den Kolonien aufgebaut habe, hat er noch nie einen Fuß gesetzt oder einen Blick geworfen. Ich könnte ihm mitteilen, daß wir gerade in dem einen oder anderen Unternehmen zehntausend Pfund verloren haben, und er würde die Nachricht mit einem Schulterzucken abtun – aber der Himmel verhindere, daß er zum Frühstück auf seine Austern verzichten muß. Sein »Ich will Dermott in zwei Minuten hier sehen, mit Verlaub« war ein Satz, den man von einem strengen, disziplinierten Schiffsführer erwarten würde, aber sicherlich nicht von Captain Jeremy Cork, dem *bon vivant* der westlichen Zivilisation. Jedoch bestand wenig Hoffnung, ihn beruhigen zu können, und so holte ich den Wirt mit all der nervösen Eile eines jungen Leutnants zur See.

Als Dermott unseren Salon betrat, besaß er genug Verstand, die Tür zum Gang hinter sich offen zu lassen und sich damit einen Fluchtweg freizuhalten für den Fall, daß Cork eine Neigung zur Gewalttätigkeit entwickeln würde. Der arme Herbergswirt zitterte unter seiner Schürze, und ich fragte mich, ob die Schweißperlen auf seiner Stirn hervorgerufen wurden von der Angst vor Cork oder von der Hitze in der Küche, aus der er gerade gekommen war.

»Bitte um Vergebung, Captain Cork, Sir, aber in den zehn Jahren, in denen Sie nun schon bei uns wohnen, habe ich noch nie erlebt, daß Sie vor Mittag aufstehen.«

Cork polterte: »Jetzt muß ich mir auch noch gefallen lassen, eine Schlafmütze genannt zu werden, ein Faulpelz, ein wertloser Zecher!«

Ich würde ihn nicht als wertlos bezeichnen, nicht, wo ich die Bücher führe, aber der Rest seiner Selbstbeschreibung traf bis aufs kleinste zu.

»Aber keineswegs, Captain«, widersprach Dermott. »Wir alle kennen Ihren Ruf und respektieren Ihre Fähigkeiten als Aufklärer von Verbrechen. Hätte ich gewußt, daß Sie heute früher aufzustehen wünschen, hätte ich den jungen Mann mit seiner Frühstückseinladung an eine andere Schenke verwiesen. Um ehrlich zu sein, wünschte ich, ich hätte es getan, denn die Zubereitung des speziellen Mahls, das er bestellt hat, erfordert mehr Arbeit als mir lieb ist. Es ist ein überaus kompliziertes Rezept. Und als wäre es nicht schon genug, sieben verschiedene Sorten Fleisch und Fisch zu braten, frage ich Sie, wo soll ich um des lieben Himmels willen bloß Mangos herbekommen?«

Während der Herbergswirt noch mit seiner Klagelitanei fortfuhr, ging ein junges Mädchen an unserer Tür vorbei, das nur mit Mühe einen großen Topf tragen konnte. Corks Nase nahm Witterung auf. »Hierher, Mädchen!« befahl er laut, und das junge Ding erschien wieder in unserer Tür und sah uns verwirrt an.

»Bitte um Vergebung, Mr. Dermott, aber ich dachte, Sie hätten Zimmer Nummer zehn gesagt.«

Das Mädchen war neu, sie war schlank und unzweifelhaft eine enorme Verbesserung nach der trampeligen Frau, die bisher hier oben serviert hatte. Das zerbrechliche Kind war jedoch diesem harten Geschäft ganz offensichtlich nicht gewachsen.

Cork stand aus seinem Sessel auf und strebte auf das Mädchen zu, dessen Verwirrung sich im Angesicht des fast zwei Meter großen Riesen, der da auf sie zustürmte, in blasse Angst verwandelte. Er nahm ihr den Topf aus der Hand und stellte ihn auf den Tisch. Ich fürchtete schon, daß der ehemalige Kommandant eines Kaperschiffes sich mit der Absicht trug, das Frühstück eines anderen Gastes zu stehlen. Als er den Topfdeckel abhob, breitete sich im Zimmer ein durchdringlicher Geruch aus.

»Wie ich mir schon dachte«, sagte er, nachdem er einen Löffel probiert und den Deckel wieder aufgelegt hatte.

»Ich bitte Sie, Captain«, sagte Dermott nervös und würgte seine Schürze mit beiden Händen. »Ich hoffe, Sie machen Mr. Cobby keine Schwierigkeiten, Sir. Er ist ja noch ein halber Junge.«

»Ich suche keinesfalls Streit, Dermott, falls Sie das meinen. Ich bin nur neugierig über jeden, der ein Piratenfrühstück bestellt. Aber Sie haben dieses Salmagundi verpatzt. Ohne Mangos ist es einfach nicht vollständig.«

»Auf dem Markt gibt es keine, Captain.«

»Ich glaube, Granger hat Mangos«, warf das Serviermädchen ein.

»Aber Mary«, schimpfte Dermott. »Es geht nicht an, daß du

deine Vorgesetzten korrigierst.«

»Hier, Mädchen«, sagte Cork und reichte ihr den Topf. »Bring das zu Mr. Cobby mit meiner Entschuldigung für Dermotts Faulheit.«

Sie nahm den Topf entgegen und verschwand, während Cork dem Wirt noch böse Blicke zuwarf. Dermott wollte gerade zu weiteren Entschuldigungen ansetzen, als Mary wieder in der Tür erschien.

»Bitte um Vergebung«, sagte sie mit etwas tolpatschiger Höflichkeit. »Der junge Herr aus Nummer zehn lädt Sie ein, mit ihm zu speisen.«

»Sag ihm, daß wir mit Vergnügen annehmen«, sagte Cork mit einem Lächeln.

James Cobby konnte höchstens neunzehn Jahre alt sein, dünn, mit reiner Haut und angenehmen Zügen. Als Cork als erster das Zimmer betrat, sah der Junge erschreckt vom Tisch auf, der mit Schüsseln voll beladen war.

»Ich will geviertelt sein, Sir, wenn Sie nicht genau wie ein Freibeuter aussehen«, sagte er. »Aber Sie sind viel zu jung, als daß Sie mit den Herren des Glücks von 1720 gesegelt sein könnten.«

»Um genau zu sein, Sir, ich bin Captain Jeremy Cork, und das hier ist Wellman Oaks, mein Teilhaber. Natürlich kenne ich die Karibik gut und bin aufgewachsen mit Geschichten über die Eskapaden der alten Halunken. Es kommt nur selten vor, daß man in diesen Breitengraden den Duft von Salmagundi zu riechen bekommt, und ich habe es nicht mehr gegessen, seit ich das letzte Mal auf den Bahamas war.«

»Dann seien Sie mein Gast, Captain, und sagen Sie mir, was Sie von der Qualität halten.«

Wir zogen Stühle herbei, während Mary die Teller mit dem Zeug füllte. Es handelte sich um eine scharf gewürzte Zusammenstellung aus Fleisch, Fisch, Kohl und eingelegten Gemüsen, und schmeckte eigentlich ganz gut, bis Knoblauch, Senfkörner, Pfeffer und Essig ihre volle Wirkung entfalteten und mich dazu zwangen, einen großen Schluck aus meinem Becher mit Rum zu nehmen. Wenn Piraten solches Zeug schon zum Frühstück aßen, brauchte man sich wirklich nicht zu wundern, daß sie ein so bösartiges Temperament hatten.

Cork probierte kritisch mehrere Löffel. »Die Mangos würden es erheblich verbessern, und die Trauben sind nicht so sauer wie die, die man auf den Inseln findet, aber alles in allem ist es eine ganz anständige Imitation. Sie interessieren sich für piratische Angelegenheiten, Mr. Cobby?«

»O ja, dieses Thema fasziniert mich.«

»Und das ist auch der Grund dafür, daß Sie, nachdem Sie London verlassen hatten, nach New Providence in der Karibik gefahren sind?«

»Sir, Sie müssen entweder ein Zauberer sein, oder aber Sie sind mir gefolgt.«

»Weder noch, Mr. Cobby, weder noch. Ihr Gebrauch der neuesten englischen Ausdrücke deutet darauf hin, daß Sie England vor noch nicht allzulanger Zeit verlassen haben, und Ihr gebräuntes Gesicht verrät mir, daß Sie noch vor höchstens einer Woche in der tropischen Sonne waren.«

»Vor zwei Wochen, um genau zu sein. Ich bin in Charleston gelandet und per Küstenschiff nach New York gekommen.«

»Und Ihre Vorliebe für Salmagundi kann nur aus New Providence stammen, dem früheren Bollwerk der Piraten, bis die Königliche Flotte sie von dort vertrieb.«

»Sie scheinen ebenfalls in Fragen der Piraterie nicht ganz unbewandert zu sein, Captain Cork.«

Nicht ganz unbewandert! Er war Experte, wenn man das so sagen konnte. Cork hatte zwei Jahre damit verbracht, in den frühen Tagen der Franzosen und Indianer für den König zu kapern, und für mich besteht kein Unterschied zwischen einem Kaperbrief und simpler Seeräuberei.

»Nicht ganz«, erwiderte Cork mit unbeteiligtem Gesichtsausdruck.

Dermott, offensichtlich hocherfreut darüber, daß Cork sich wieder beruhigt hatte, beschloß, die Situation noch ein weiteres bißchen zu versüßen, bevor er sich wieder in die Küche zurückzog und Mary bei uns zurückließ. »Captain Cork, Sir, ist zu bescheiden. Er ist in dieser Gegend wohlbekannt als Aufklärer von Verbrechen.«

Cobby war beeindruckt. »Sie können mich schon wieder vierteilen! Habe ich etwa einen Sheriff des Königs zu Gast?«

»Nein, ich habe nur ein beiläufiges Interesse an Verbrechen«, erwiderte Cork, was, wie ich Ihnen versichern kann, eine gewaltige Untertreibung war.

»Nun, zumindest ist überhaupt jemand zu meinem kleinen Mahl gekommen.«

»Aus Neugier, und weil ich auf mein eigenes Frühstück verzichten muß, wie ich fürchte«, sagte Cork. »Ihre anderen Gäste sind nicht erschienen, oder wie darf ich das verstehen?«

»Vielleicht ist der *Advance* auch die falsche Zeitung für meine Annonce gewesen. Es gibt ja so viele Zeitungen hier in New York.«

Cobby fischte in seiner Manteltasche herum und brachte einen Zeitungsausschnitt zum Vorschein, den ich über Corks Schulter hinweg las:

Zu Ehren
des Hauses der Lords
wird ein Salmagundi serviert
und Einzelheiten des Kühnen
Handels diskutiert werden
am Mittwoch, dem 10.,
vormittags
im
Zeichen des Trauernden Schwans,
James Cobby.

Ich sah zu Cobby hin und fand ein lächerlich selbstgefälliges Lächeln auf seinem Gesicht. »Sehen Sie, meine Herren, ich beabsichtige ein Bühnenstück über Piraten zu schreiben. Eine gute Idee, nicht wahr? Wirklich gutes Theater – viel Handlung, Degenkämpfe und all das.«

Cork reichte dem animierten Stückeschreiber den Zeitungsausschnitt zurück. »Nun, Sir, falls Sie etwa erwarten, daß Offiziere aus der Mannschaft von Black Burt Roberts sich hier zeigen werden, so können Sie den Rest Ihres Lebens damit zubringen. Sie wurden alle 1722 in Afrika gefangengenommen und gehängt. Roberts selbst wurde in einem Gefecht mit der Königlichen Flotte getötet.«

Cobbys Lächeln nahm eine gerissene Färbung an. »Mutmaßlich

getötet, Captain. Seine Leiche wurde angeblich von der Mannschaft über Bord geworfen, aber nie gefunden.«

»Falls Sie jemals den Golf von Guinea besegelt hätten, Sir, hätten Sie beobachten können, daß die Haie dort die unangenehme Angewohnheit haben, alles, was herumschwimmt, zu verspeisen.«

»Sicher, sicher«, fuhr Cobby unerschüttert fort, »aber die Offiziere nannten sich Haus der Lords – Lord Sutton, Lord Hamly, Lord Simpson – und ich dachte, es würde die Neugier einiger alter Piraten erregen und sie an meinen Tisch bringen, so daß ich aus erster Hand Informationen über die alten Tage der Piraterie hören würde.«

»Da besteht wohl kaum eine Chance, Mr. Cobby«, sagte Cork. »Ex-Piraten scheuen die öffentliche Diskussion.«

Während Cork noch sprach, war ein Klappern im Gang zu hören, und als es sich näherte, wurde es zu einem rhythmischen Klicken, bis es schließlich an der Tür innehielt, und da stand ein winziger Mann, grau vor Alter, mit einem Holzbein.

»Entschuldigung, meine Herren«, sagte der alte Mann und legte die Faust zum Seemannsgruß an die Augenbraue. »Ist das hier das Essen aus der Zeitung?«

»Das ist es«, sagte Cobby, sprang auf und führte seinen neuen Gast an den Tisch. Während er das tat, warf er Cork einen triumphierenden Blick zu. »Und mit wem habe ich die Ehre?«

»Mungo Waychurch, zu Diensten«, lautete die Antwort. Die alten grauen Augen suchten mißtrauisch das Zimmer ab, während der zahnlose Mund ein Lächeln vortäuschte.

Cobby führte den alten Seebär zu einem Stuhl und schenkte ihm einen Becher Rum ein, den der Neuankömmling eifrig leerte. Die Augen jedoch waren immer noch mißtrauisch und huschten von Gesicht zu Gesicht.

»Nun sagt aber mal, ihr Jungs seid nicht zufällig vom Kings College und wollt euch einen kleinen Spaß erlauben? Ihr seid alle noch viel zu jung, um die Runde mitgemacht zu haben.«

Ich erklärte Cobbys Plan, ein Theaterstück zu schreiben, was Mungo Waychurchs Bedenken zu zerstreuen schien. »Das ist eine pfiffige Idee, junger Mann, ein wirklich guter Einfall.«

»Darf ich vielleicht fragen, ob Sie ein ehemaliger Pirat sind,

Sir?« wagte Cobby sich vor.

»Pirat, nein. Mich haben sie geraubt, dabei war ich noch ein halber Junge, damals. Wurde von der *Golden Wing* geholt, 1719 war das, von Black Burt selbst. Ich war Schiffsgeiger, und die Piraten lieben Musik, also wurde ich gezwungen.« Er hob feierlich die Hand. »Ich habe weder die Artikel unterschrieben, noch den Eid geleistet, noch einen Schuß gefeuert.« Er hob das halbe Bein, an dem der Holzstock befestigt war. »Habe bei Trepassi einen Schuß abbekommen und bin fast dran gestorben. Wurde in North Carolina an Land gesetzt, mit einem Brief von Burt Roberts an den Gouverneur, und habe Pardon bekommen. Es steht alles in meinen Papieren in der Cherry Street, wenn Sie nachsehen wollen.«

Endlich löste sich Cobby aus seiner Faszination über den neuen Gast und erinnerte sich an seine Gastgeberpflichten. »Verzeihen Sie mir, Mr. Waychurch. Sie sind wegen des Salmagundi gekommen, und das sollen Sie auch haben.« Er machte Mary ein Zeichen, die gehorsam einen weiteren Teller füllte. »Lassen Sie es sich schmecken, Sir, lassen Sie es sich schmecken«, drängte Cobby.

»Zur Ihren Diensten, Junge. Wenn auch dieses Salmagundi nie zu meinen Lieblingsessen gehörte. Mir war Labskaus immer lieber.«

Schon allein bei der Erwähnung dieses furchtbaren Gerichts wurde mir fast schlecht. Als ich das erste Mal in diese Kolonien transportiert wurde, lebte ich die ganze Zeit über von Pökelfleisch, das an einer Leine neben dem Schiff hergezogen wurde, damit die See es »auffrischen« konnte. Als wäre das nicht schon schlimm genug gewesen, wurde das Fleisch dann anschließend in kleine Stücke geschnitten und mit Kartoffeln, Zwiebeln und viel Pfeffer zu einer Art Eintopf verarbeitet. Aber dieses Gericht stellte noch nicht den Höhepunkt der Fähigkeiten des alten Mannes dar, Furchtbares zu verschlingen.

»Danach kommt dann Chowder oder ein guter Porrigde.« Eines war schrecklicher als das andere. Ersteres Gericht bestand aus Fisch, Pökelfleisch und Schiffszwieback, und das zweite war ein gräßlicher Haferschleim. »Aber glaubt jetzt nicht, daß es auf der *Royal Rover* jeden Tag ein fürstliches Bankett gegeben hat. Viel zu oft gab es Kartoffeln oder Schiffszwieback mit Wasser, in dem man nicht einmal ein Schwein waschen würde.«

Trotz Waychurchs anschaulicher Beschreibung des Essens an Bord konnte ich eine gewisse Faszination nicht ganz abstreiten, aber ich konnte auch sehen, daß Cork anfing, unruhig zu werden, bis Cobby die Zeichnung aus der Tasche zog.

»Was halten Sie davon?« fragte er den Mann.

Das war ungewöhnlich.

»Ach ja«, seufzte Waychurch. »Wenn meine alten Augen nicht vom Wind und vom Salzwasser ausgetrocknet wären, kämen mir jetzt die Tränen, ganz bestimmt. Das ist die Flagge des alten Burt, die er machen ließ, als er wütend auf die Gouverneure von Barbados und Martinique war. Quince, unser Segelmacher, hätte fast seine Nase verloren, weil er den alten Burt nicht schön genug hinbekommen hat. Er hat sogar vergessen, Burts Glückskruzifix auf die Flagge zu machen, was ein schreckliches Vergehen war, weil Burt das Kreuz niemals auch nur für eine Minute ablegte. O ja, er war ein richtiger Pfau von einem Mann, mit seinen roten Klamotten und der Schärpe und den Pistolen, die an Seidenschnüren von seinen Schultern hingen, und diesem Kruzifix aus Diamanten, das in der Sonne blitzte.«

»O ja, dessen bin ich sicher«, sagte Cobby ungeduldig, »aber was bedeutet das EKAB und das EKAM unter den Schädeln? War es vielleicht ein Geheimcode?«

Die Frage wurde von Waychurch mit lautem Gelächter und von Cork mit einem Grinsen beantwortet.

»Natürlich, junger Herr. Sehen Sie, Burt wollte den Inselleuten Angst einjagen, und so schwor er, er würde sowohl den Gouverneur von Barbados als auch den von Martinique umbringen. Die Buchstaben stehen für ›Ein Kopf aus Barbados‹ und ›Ein Kopf aus Martinique‹. Es war ein Trick, sozusagen.«

Cobby sah enttäuscht aus.

»Warum ließ er die Buchstaben dann in ein Schild gravieren und an seiner Kabinentür aufhängen?«

Waychurch zog die Schultern hoch und senkte den Kopf in einem schwachen Versuch, ein Fragezeichen nachzumachen.

»Das werden wir nie erfahren.«

»Irgendwie«, sagte Cobby leise, fast wie zu sich selbst, »glaube ich, daß noch eine andere Bedeutung dahinter steckt. Was denken Sie, Captain Cork? Könnte in den Buchstaben nicht noch eine andere versteckte Botschaft verborgen liegen?«

»Meist ist in solchen Fällen wirklich nur das Offensichtliche vorhanden«, sagte Cork mit einem Schulterzucken.

»So etwas nenne ich einen klaren Verstand, Captain«, sagte Waychurch mit vollem Mund. »Captain, nicht wahr? Ich wußte doch, daß Sie keine Landratte sind. Vor dreißig Jahren hätten Sie auf der Runde einen prima pistolensicheren Captain abgegeben.« Er wandte sich wieder Cobby zu. »Wenn Sie wirklich ein Stück über Burt Roberts planen, Sir, dann kann ich Ihnen bestimmt eine große Hilfe sein. Ich könnte sogar selbst mitspielen, ganz bestimmt, und dazu noch die Fiedel.«

Aus irgendeinem merkwürdigen Grund wechselte Cobby abrupt das Thema. »Roberts ist nur einer, der zur Auswahl steht. Der Name Calico Jack Rackman würde auf der Bühne bestimmt noch besser klingen.«

Diese Bemerkung erregte Waychurch so sehr, daß er sein Salmagundi fast durchs ganze Zimmer spuckte. »Rackman!« röhrte der alte Mann mit Macht. »Jeden, aber doch nicht Rackman! Nehmen Sie meintewegen Henry Eveny, Ed England, Stede Bonnet, Howell Davis oder, Gott steh uns bei, auch die feige Memme Charlie Vane, der von seiner eigenen Mannschaft ausgelacht wurde, aber lassen Sie um Gottes willen die Finger von Calico Jack.«

»Nun, der Name ist interessant und läßt auf farbenprächtige Kostüme schließen«, meinte Cobby halb entschuldigend.

»Und das ist auch schon alles. Ein Kostüm. Ein Schwindel. Die einzige Beute, die er je gemacht hat, waren Fischerboote!« Im Takt seines Lachens klopfte er mit dem Holzbein auf den Boden. »Der verdammte Dummkopf hat eine Frau mit auf See genommen und Heringsfänger verfolgt. Hätte er auch gleich selbst Fischer werden können. Aber die Frau mitzunehmen, das zeigt doch schon allein, wie verrückt Rackman war. Auf keinem richtigen Piratenschiff hat man je Schlampen und Flittchen gesehen. Später, ehe Rackman in Provincetown geschnappt wurde, hatte er zwei Frauen an Bord. Teufel, wenn die Flotte ihn nicht aus dem Weg geräumt hätte, hätte er vielleicht wo weitergemacht und hinterher eine reine Damenmannschaft gehabt.« Waychurch konnte vor Lachen fast nicht weiterreden. »Und nicht einmal eine so schlechte Idee, weil sie alle dem Strick entgehen konnten, indem sie auf ihren Bauch plädierten. Rackman war ein Hampelmann, genau wie seine Schlampe, diese Annie Bonnie.«

Diese grobe Sprache schien die Ohren des Dienstmädchens zu beleidigen, und sie verschüttete absichtlich etwas Rum, während sie meinen Becher wieder vollschenkte. Mir tat sie leid, und ich tupfte mein Jackett ohne Kommentar ab.

»Ja, Annie Bonnie«, sagte Cobby sehnsüchtig. »Oh, wenn ich ihre Geschichte nur aus ihrem eigenen Mund hören könnte. Was für eine Rolle für eine Schauspielerin.«

»Sie war nur eine Heringsfängerin, das ist alles«, beharrte Waychurch.

»Nun, damit wäre natürlich der dramatische Effekt total verdorben«, sagte Cobby enttäuscht, »aber vielleicht kann ich doch noch etwas daraus machen. Aber wir haben immer noch Black Burt Roberts und die Männer, die mit ihm segelten. Sie sagten, Sie seien in Trepassi verwundet worden? Das ist in Neufundland, nicht wahr?«

»O ja. In Trepassi trafen sich die Handelsfahrer, um dann im sicheren Konvoi nach England zu segeln. Burt hat die ganz Meute überfallen und ihnen mehr als dreihundertfünfzigtausend Pfund abgenommen.«

»Nach Trepassi, auf der Rückfahrt nach New Providence, haben Sie da aus irgendeinem Grund an der Küste von New England angelegt?«

»Nun, das kann ich nicht genau sagen, weil ich entweder bewußtlos oder halb übergeschnappt war, nachdem ich mein Bein verloren hatte. Ich war verdammt glücklich, daß ich überhaupt am Leben blieb, da können Sie mich nicht fragen, ob wir irgendwo angelegt haben. Was ist denn an der Fahrt die Küste entlang so wichtig?«

»Oh, nichts«, sagte Cobby und tat sein ursprünglich großes Interesse als nebensächlich ab. »Ich dachte nur, es könnte eine interessante Szene abgeben, falls Roberts nach dem Trepassi-Überfall irgendwo die Beute vergraben hätte.«

Corks Ruhelosigkeit hatte jetzt ihr volles Maß erreicht, und er erhob sich. »Sie werden uns entschuldigen müssen, Mr. Cobby, aber wir haben noch dringende Verabredungen einzuhalten. Danke für das Salmagundi, und viel Erfolg mit Ihrem Stück.«

Die Ankündigung unseres Gehens brachte auch Mungo Waychurch wieder in die Gegenwart zurück. »Ich werde wohl auch besser den Anker lichten, junger Herr.«

»Aber nein, meine Herren, bleiben Sie doch bitte noch. Mädchen, füll die Becher auf. Mehr Salmagundi.«

Cork lehnte freundlich, aber bestimmt ab, doch der Mann mit dem Holzbein, dem der Rum bereits ein bißchen zu Kopf gestiegen war, schien geneigt, der Bitte Folge zu leisten. Cobby verabschiedete uns und sagte: »Glauben Sie wirklich, daß ich hier keine Ex-Piraten auftreiben werde, Captain Cork?«

»Ich habe große Zweifel daran.«

Wir kehrten in unsere Räume zurück und ließen die beiden anderen Männer allein, in eine angeregte Unterhaltung versunken. Natürlich hatten wir keine dringenden Verabredungen, aber es war klar, daß Cork sich gegen Ende einfach gelangweilt hatte. »Ich fand es recht interessant«, sagte ich. »Ein Theaterstück über Piraten könnte ein Vermögen einbringen.«

»Falls unser junger Gastgeber tatsächlich die Absicht hat, ein Theaterstück zu schreiben.«

»Glauben Sie das denn nicht? Ach ja«, rief ich dann aus, als mir klar wurde, was er meinte. »Die Buchstaben auf der Flagge. Glauben Sie, daß er auf der Suche nach vergrabenen Piratenschätzen ist?«

»Er ist auf der Suche nach etwas, und zwar nicht nach Stoff für ein Theaterstück, wie ich fürchte, denn dafür wäre London der geeignete Ort, wo sich alle Unterlagen der Admiralität befinden.«

Ich sah seine Logik ein. In unregelmäßigen Abständen werden nämlich die Kolonien, und auch England, vom Schatzfieber ergriffen. Ungeachtet der Tatsache, daß bisher noch kein Schatz gefunden wurde, bis auf Captain Kidds Versteck auf Gardiners Island im Long Island Sound – der übrigens von der Krone konfisziert wurde –, geht die Suche weiter und weiter.

»Zumindest muß man den Unternehmungsgeist des jungen Mannes anerkennen«, schalt ich meinen faulen Arbeitgeber. »Sei es nun ein Theaterstück oder eine Schatzsuche, wenigstens arbeitet Cobby an etwas.«

Irgendwann werde ich wohl lernen, schlafende Hunde in Ruhe

zu lassen, denn mein Spott brachte mir nur die Ankündigung ein, daß wir uns jetzt daran machen würden, unseren eigenen Schatz zu finden – nur war unser Unterfangen genauso lächerlich und sinnlos wie die Schatzsuche eines beliebigen blauäugigen Jungen.

Unser Ziel war eine Kupfermine, die Cork am Oberlauf des Hudson besaß. Ich sage deshalb *er*, weil er sie vor zwei Jahren höchstpersönlich kaufte, ohne mich um Rat zu fragen. In diesen zwei Jahren hat die Mine unzählige Tonnen von Schiefer, Lehm, Dreck und anderen Abfallprodukten der Natur produziert. Allein schon sie als Kupfermine zu bezeichnen, ist eine Beleidigung der Intelligenz. Aber seine Herrlichkeit gibt den Arbeitern unbekümmert Anweisung, immer weiter zu graben. Beim augenblicklichen Tempo wird er demnächst einen direkten Weg nach China besitzen, aber kein Kupfer, wie ich fürchten muß.

Zwei Tage später kehrten wir in den Trauernden Schwan zurück, wo wir einen wütenden Dermott vorfanden.

»Ich hätte mir denken können, daß er ein Schwindler war«, sagte er voller Selbstverachtung. »Spezialfrühstück, meine Güte. Er ist einfach verschwunden und hat eine unbezahlte Rechnung für drei Tage hinterlassen. Sagen Sie, Captain, was halten Sie von Salmagundi morgen zum Frühstück? Ich habe den Händler gefunden, der Mangos verkauft.«

»Lieber nicht«, sagte Cork, und als wir die Treppe hinaufgingen, hielt uns ein junger Mann mit einem Briefumschlag an.

»Vom Hohen Sheriff, Sir«, sagte er und reichte Cork die Nachricht. Der riß den Umschlag auf, überflog die Zeilen und sagte: »Wir kommen.«

Weshalb man Sheriff van Gaus von New York überhaupt ein Gehalt zahlt, ist mir unbegreiflich. Jedesmal, wenn er auf einen etwas komplizierteren Fall stößt, der ein bißchen Gedankenarbeit erfordern würde, läßt er nach Cork schicken. Normalerweise suchen wir ihn immer in seinem Büro im Gefängnisgebäude am Common auf, aber dieses Sendschreiben führte uns nach Süden, zum Whitehall Slip, wo uns die Jolle eines Königlichen Schiffes erwartete. Kaum hatten wir uns auf der Ruderbank niedergelassen, als auch schon der Steuermann ablegte und die Ruderer uns in gleichmäßigem, schnellem Takt nach Governors Island brachten.

Dort angelangt, bogen wir um die nördliche Klippe und in den Buttermilchkanal ein, wo eine Korvette in der Nachmittagssonne vor Anker lag. Es war die *H.M.S. Angela*, also ein Schiff des Königs, und ich fragte mich, was, um Himmels willen, wir bloß mit einer Angelegenheit der Admiralität zu tun haben konnten.

Van Gaus, so rund wie immer, begrüßte uns und stellte uns Captain Boggs vor, den Kommandanten des Schiffes, der jedoch nur aus Höflichkeit, nicht wegen seines Rangs als Captain bezeichnet wurde, denn seine einzige Epaulette verriet, daß er eigentlich nur Leutnant war. Van Gaus teilte uns mit, daß es die Aufgabe der *Angela* sei, die Küste von New York bis Florida zu patrouillieren, und daß sie zum amerikanischen Geschwader des Königs gehöre.

Boggs' bereits angegraute Schläfen, sein müdes Gesicht und die ihm anzusehenden mehr als vierzig Jahre zeigten, daß der arme Mann zu der Legion der Marineoffiziere gehörte, die mangels eines Freundes bei Gericht oder im Parlament, oder zumindest eines wohlwollenden Admirals, dazu verdammt waren, nie in die Liste der Kapitäne aufgenommen zu werden, und damit auch nie in den Genuß der Sicherheiten kamen, die dieser Rang bot.

»Als ich die Nachricht von Captain Boggs erhielt und sah, was auch Sie gleich sehen werden«, sagte van Gaus fast heiter, »war meine erste Reaktion, Sie holen zu lassen, Captain Cork.« Dann wandte er sich dem Kommandanten der *Angela* zu und sagte: »Und nun werden Sie sehen, wie dieser Mann sich an die Arbeit macht, Captain Boggs. Wenn es darum geht, Tatsachen herauszufinden, ist dieser Mensch ein wahres Wunder.«

Boggs wirkte uninteressiert, oder zumindest unbeeindruckt, aber er verbeugte sich höflich. »Ich stehe Ihnen zur Verfügung, Sir, falls Sie meine Hilfe brauchen.« An ein Mannschaftsmitglied gewandt befahl er: »Hochbootsmann, die Persenning ab.«

Die Hand des Maats flog an die Stirn, ein »Aye Sir« wurde gesagt, und mehrere barfüßige Seeleute legten Hand an eine Persenning, die einen Gegenstand hinter uns auf dem Deck bedeckte. Als die Persenning entfernt war, verharrte ich reglos und versuchte, den Überraschungsschock zu bewältigen. Denn dort auf dem Deck, immer noch naß vom Meer, lagen die Leichen zweier Männer, die Gesicht an Gesicht aneinander gebunden waren. Einer der Männer hatte ein Holzbein.

»Cobby und Waychurch«, sagte ich.

»Kennen Sie die beiden Männer, Mr. Oaks?« fragte van Gaus völlig verblüfft.

Cork erzählte in kurzen Worten von unserer Frühstücksbegegnung und von seiner Vermutung, daß Cobby keineswegs vorgehabt hatte, ein Theaterstück zu schreiben.

»Ich will verdammt sein, wenn das kein Glück ist«, lachte van Gaus. »Da dachte ich, ich hätte mehr zu tun als der Ellbogen eines Fiedlers bei der Aufklärung dieses Durcheinanders, und da kommen Sie daher und haben die Informationen schon parat.«

»Natürlich hat mein Freund Oaks nicht gesagt, daß es sich tatsächlich um unsere Frühstücksfreunde handelt, sondern nur, daß sie es sein könnten. Die Leichen sind vom Wasser immerhin ziemlich mitgenommen.«

Captain Boggs nickte. »Müssen zwei Tage oder so im Wasser gewesen sein, würde ich sagen. Sie wurden von einem Handelsschiffer auf dem Weg aus dem Hafen aufgefischt und mir übergeben. Sie müssen den East River heruntergekommen sein – eine ziemlich rauhe Reise, bei all den kleinen Inseln, die die Strömung unterbrechen. Sie sagen, daß Sie ihre Identität nicht mit Sicherheit bestätigen können, Captain Cork?«

»Nicht mit völliger Sicherheit. Der eine von ihnen hat ein Holzbein, und der andere scheint noch sehr jung zu sein, aber das ist nicht der wichtigste Aspekt.«

»Mir scheint es«, meinte van Gaus, »daß die Hälfte der Arbeit bereits getan ist.«

»Möglich«, sagte Cork. »Aber die andere Hälfte ist das große Geheimnis. Denn sehen Sie, Sheriff, diese Männer wurden nach Piratengesetz hingerichtet. Ein Mannschaftsmitglied, das einen Kameraden ermordet hat, wird an die Leiche seines Opfers gebunden und ins Meer geworfen, wo er ertrinken muß.«

»Und seinem Verbrechen«, fügte Boggs unheilvoll hinzu, »für immer und ewig von Angesicht zu Angesicht gegenübersteht.«

Cork nickte. »Sie haben bestimmt gegen die Piraten Dienst getan, Captain Boggs?«

Diese Bemerkung versteifte den Rücken des Schiffskommandanten wie einen stolzen Klüver, der einen stürmischen Wind einfängt. »War Juniormitschiffsmann unter Ogle auf der *Swallow* auf der Königlichen Afrikapatrouille. Wir haben Roberts und seine Horde zur Verantwortung gezogen.«

»Bewundernswert«, sagte Cork höflich. »Wollen wir hoffen, daß die Piraterie in diesen Gewässern nicht wieder einreißt.«

»Piraten!« rief van Gaus. »Das fehlt mir gerade noch. Zuerst habe ich einen Schmuggelboom so schlimm wie nie zuvor, und jetzt kommen auch noch Piraten dazu.« Er wedelte mit seinem Finger unter Boggs' Nase herum. »Und das alles, während Ihr Admiral Grice sein Geschwader in der Karibik baden läßt und unsere ganze Küste nur mit zwei Korvetten patrouilliert.«

»Ich sagte nur, daß die Hinrichtungsmethode die von Piraten ist, Euer Ehren«, erklärte Cork. »Stellen wir doch erst einmal fest, wer wen umgebracht hat, und dann können wir uns daran machen herauszufinden, wer die Hinrichtung vollendete.«

Boggs wollte dem Hochbootsmann gerade befehlen, den Strick zu durchschneiden, der die beiden Leichen aneinander fesselte, als Cork ihn unterbrach: »Ich möchte das lieber selbst machen, Captain Boggs, damit keine Beweise verlorengehen.«

»Wie Sie wünschen, Sir«, sagte Boggs, und der Hochbootsmann reichte sein Messer an Cork weiter, der sich niederkniete und es nach mehreren Versuchen schaffte, das nasse Tau zu durchschneiden. Die Leichen rollten auseinander, und Cork untersuchte jede genau. Er machte das Holzbein los, wickelte es in ein Stück Tuch ein, das man ihm brachte, und band es mit einem Ende des Taus zu, mit dem die Leichen zusammengebunden gewesen waren.

»Keine der beiden Leichen scheint Verletzungen am Körper zu haben, obwohl man ihnen natürlich auch den Schädel eingeschlagen haben kann«, sagte er und fing an, die Taschen der toten Männer zu durchsuchen. Bei dem Mann mit dem Holzbein fand er nichts, aber an der anderen Leiche entdeckte er etwas und stand langsam auf, um es uns zu zeigen.

»Es ist ein Kreuz«, sagte ich. »Ein mit Diamanten besetztes Kreuz.«

»Ja, Oaks«, lächelte Cork. »Ganz ähnlich dem, das laut Waychurch immer um Black Burts Hals hing. Höchst interessant.«

Zwei Stunden später saßen wir im Kartenraum der *Angela*, der, zusammen mit der winzigen Kabine und Kammer des Captains, das ganze Heck des Schiffes einnahm. Der Raum war für einen

Mann allein nicht sonderlich groß, um erst gar nicht zu reden von Cork, mir selbst und dem Riesen van Gaus.

Cork und Boggs brüteten über Karten, ausgerüstet mit Handzirkeln, Kompassen und Linealen, stellten endlose Berechnungen an und murmelten Worte wie Rhombenlinie, Steigung, Abweichungsparallelen und so weiter, die für mich viel zu hoch waren, übrigens auch für van Gaus.

Auf dem Schott über dem Kartentisch befand sich Corks recht grobe Zeichnung der Flagge von Black Burt, auf der der Pirat auf den zwei Schädeln stand und seinen Stutzsäbel in den Himmel reckte. Soweit ich das aus den unverständlichen Worten schließen konnte, war Cork der Meinung, Burt Roberts habe auf der Flagge einen Geheimcode benutzt, der das Versteck seines Schatzes angab. Ich war froh zu sehen, daß er in bezug auf den Schatz seine Meinung von vor zwei Tagen geändert hatte, aber weshalb bloß, fragte ich mich, versuchte er das Versteck aufzustöbern, in der Anwesenheit zweier Beamter des Königs? Falls er den Code herausfand, waren van Gaus und Boggs doch dazu verpflichtet, jeden Fund im Namen des Königs zu konfiszieren. Ich war hocherfreut, als ich sah, wie die beiden Navigatoren schließlich frustriert aufgaben.

»Captain Cork«, sagte Boggs, als er vom Tisch zurücktrat, »falls es ein Code ist, dann ist er nicht zu dechiffrieren, und daran gibt es keinen Zweifel. Wir haben alles versucht, einschließlich die Buchstabe-für-Zahl-Folge, die wir dann in Längen- und Breitengradangaben umgerechnet haben, und wo sind wir damit gelandet? Im chinesischen Meer oder den Vororten von Oslo. Falls der Mörder einen Sinn herausbekommen hat und sich auf dem Weg zu dem vermutlichen Schatz befindet, dann muß er ein Genie sein. Ich möchte noch hinzufügen, Sir, daß Sie das Handwerk der Navigation wirklich ausgezeichnet beherrschen.«

»Wie auch Sie selbst, Captain Boggs«, erwiderte Cork. »Und doch können wir mit Black Burt nicht mithalten.«

»Deswegen brauchen wir uns jedoch nicht zu schämen«, lachte Captain Boggs. »Auf gar keinen Fall. Dieser begabte Halunke hat einst den Kurs berechnet von Annobon an der afrikanischen Küste nach Fernando de Noronha in Brasilien, und ist auf den Punkt genau angekommen. Achtundzwanzig Tage über zweitausenddreihundert Meilen rauher See, Sir. Es war wie von einer Nadelspitze zu einer anderen, aber er hat es geschafft.«

»Eine erstaunliche Leistung«, stimmte Cork zu, und dann, als sei er jetzt von Burt Roberts gelangweilt, wechselte er das Thema. »Die Patrouillenfahrt muß für einen talentierten Offizier wie Sie es sind doch bestimmt recht langweilig sein, Sir. Tauschen Sie gelegentlich mit der nördlichen Küstenpatrouille, um wenigstens einmal etwas anderes zu sehen zu bekommen?«

»Die *Angela* war noch nie nördlich dieses Hafens. Ich bin dem Südabschnitt zugeteilt, und damit bin ich auch sehr zufrieden. Wissen Sie, ich bin so glücklich, eine New Yorkerin zur Frau zu haben, und die südliche Patrouille erlaubt mir jeden Monat vier Tage an Land. Auch meinem Partner auf der nördlichen Patrouille ist es so am liebsten, weil seine Familie in Neufundland lebt.«

»Wie angenehm für Sie beide. Dürfen wir Sie zu einem Essen an Land einladen?«

»Nichts wäre mir lieber«, erwiderte Boggs, »aber ich laufe mit der Flut aus.«

An Deck des Schiffes verkündete die Glocke, daß es sechs Uhr und das Ende der ersten Wache gekommen war. »Meine Güte«, sagte van Gaus und schreckte hoch – er war während der Kartenberechnungen immer wieder eingenickt –, »es ist ja fast Essenszeit, und ich muß heute abend im Donnerstag-Klub sprechen.«

»Meine Männer werden Sie in allerkürzester Zeit zum Whitehall Slip zurückbringen, Sheriff. Die Leichen sind schon an Land gebracht worden. Viel Glück bei der Arbeit, Captain Cork.«

»Und Gott mit Ihnen auf Ihrer Patrouille, Sir. Also los, Oaks, Sheriff.«

Als wir in die kleine Jolle umstiegen, verursachte van Gaus' Körperumfang erneut Platzprobleme. Sie wurden schließlich gelöst, indem der Sheriff nach vorn gesetzt wurde und Cork und ich achtern Platz nahmen. Als der Steuermann Anweisung gab: »Ruder raus und frisch zugepackt, Männer«, bemerkte ich, daß ein kleines, in Segeltuch eingewickeltes Päckchen zu Corks Füßen lag. Es war das Holzbein und wahrscheinlich der einzig wahre Beweis für die Identität des alten Seebärs, wenn man in Betracht zog, wie mitgenommen die Leiche aussah. »Glauben Sie, daß die Buchstabenchiffre tatsächlich zu einem Schatz führt, Captain? Sie und

Boggs scheinen alle navigatorischen Aspekte erschöpft zu haben. Er scheint ein wirklich guter Navigator zu sein, nicht wahr?«

Hinter uns konnten wir an Bord der *Angela* hören, wie der Hochbootsmann und seine Maate das Schiff zum Auslaufen klar machten. Cork sprach leise, um zu vermeiden, daß die Ruderer uns hörten. »Ein zu guter. Alle seine Berechnungen vermieden sorgfältig die amerikanische Küste von New York bis Trepassi, die Cobby am meisten interessierte, und doch zeigt seine Karte für dieses Gebiet, in dem die *Angela* niemals segelt, zahlreiche Einstiche von Markierungsnadeln oder ähnlichem. Ich habe das Gefühl, daß Boggs selbst ein Interesse an diesem Schatz hat.«

»Es fällt jedoch schwer zu glauben, daß er etwas mit den beiden Morden zu tun hat, wo er doch schließlich ständig von seiner Mannschaft umgeben ist.«

»Oaks, Sie sind kein Seemann, aber Sie sind auch nicht naiv. Die *Angela* mag zwar eines der kleineren Schiffe der Admiralität sein, und Boggs noch nicht einmal Captain, aber er ist Herr und Meister über die einhundertfünfundneunzig Seelen, die auf der *Angela* Dienst tun. Er kann sie ganz nach seinem Willen auspeitschen oder hängen lassen. Er ist Kaiser auf einem einhundertfünfundzwanzig Fuß großen Kaiserreich.«

»Und wenn der Kaiser keine Kleider hat –«

»Genau. Ah, wir nähern uns dem Slip. Mr. Steuermann, bitte zum Vorderkai.«

Ist es nicht wundervoll, dachte ich, daß dieser fast zwei Meter große Mann, der sich beständig weigert, die Existenz seines eigenen Handelsschiffs wahrzunehmen, einen wunderbaren Nachmittag damit verbracht hat, den Seemann zu spielen – und gleichzeitig natürlich auch den Detektiv?

Sobald wir an Land waren, hatte van Gaus es sehr eilig, zu seinem Essen im Donnerstag-Klub zu kommen, und zu meiner Überraschung und Konsternation lehnte Cork seine Einladung ab, ihn zu begleiten. Der Donnerstag-Klub ist, und daran besteht nicht der geringste Zweifel, die einflußreichste Gruppe in der New Yorker Kolonie, und es wäre unseren geschäftlichen Unternehmungen keineswegs abträglich, dazuzugehören. Aber der Captain wollte nichts davon hören und zog es vor, im Speisesaal des

Trauernden Schwans zu speisen, und zwar Alsen, frisch aus dem Hudson, die in Essig gesotten und mit Unmengen süßer Zwiebeln und Rhabarberstücken serviert wurden.

»Wissen Sie, Captain«, sagte ich nach ein paar Bissen, »das hier schmeckt ein bißchen wie das Salmagundi, das wir vor wenigen Tagen hatten.«

»Es ist die süßsaure Zusammenstellung, aber nicht so komplex – wie dieser Fall mit Cobby und Waychurch.«

»Nun, Sir, ich habe darüber nachgedacht, ob Captain Boggs etwas mit dem Mord zu tun haben könnte, und ich muß sagen, daß die Einstiche auf seiner Seekarte die einzigen Beweise sind, die Sie in dieser Hinsicht haben. Natürlich, er könnte die Annonce gesehen haben, da er ja im Hafen lag, und er hätte das Kruzifix in die Tasche von Cobby stecken können, aber bis auf diese Indizien sehe ich wirklich nichts, was einem Beweis auch nur von weitem ähnlich wäre.«

»Das stimmt, Oaks, aber bei vielen Verbrechen bleiben nur die Indizien zurück.«

»Vielleicht hätte van Gaus ihn verhaften sollen.«

»Man verhaftet einen Offizier des Königs nicht, mein Freund. Aber keine Angst, ich prophezeie Ihnen jetzt, daß Captain Boggs inzwischen unter vollen Segeln steht und so schnell dahinfliegt, wie die Segel der *Angela* es erlauben.«

»Und wohin fliegt er, wenn ich fragen darf?«

»Zu Ruhm, Geld und Ehre. Wir aber haben uns mit anderen Dingen zu befassen. Erstens müssen wir die beiden Männer identifizieren. Ich bin fast sicher, daß sie es sind, nach dem Holzbein und der Kleidung zu urteilen, aber wichtiger ist herauszufinden, weshalb sie getötet wurden.«

»Wegen des Schatzes natürlich.«

»Ja«, sagte Cork nachdenklich, während er seine Alse verspeiste. »Das Geheimnis des Schatzes ist der Kern der ganzen Sache.«

Er hätte wohl noch weitergeredet, aber Dermott, der Wirt, unterbrach ihn und sagte: »Bitte um Vergebung, Captain, aber ich könnte Ihre Hilfe gut gebrauchen, wenn Sie fertig gespeist haben.«

»Wir sind fertig, Dermott. Was für ein Problem haben Sie denn?«

»Nun, Sir, vor kurzer Zeit ist eine Frau hier aufgetaucht, um sich nach dem alten holzbeinigen Seebär zu erkundigen, der vor ein paar Tagen da war, bevor dieser Halunke Cobby mich mit der unbezahlten Rechnung sitzenließ. Was ich gern wissen möchte, Sir – waren die beiden Partner? Denn wenn die beiden auf irgendeine Weise miteinander zu tun hatten, dann werde ich diese Frau für die Schulden verantwortlich machen. Nicht etwa, daß sie so aussieht, als hätte sie auch nur einen Penny, aber ich kann in der Küche immer Hilfe brauchen, wo die Mädchen ständig kommen und gehen. Waren die beiden Männer miteinander verbunden, Sir?«

»Sehr eng sogar, das kann man wohl sagen«, meinte Cork mit makabrem Humor. »Ihr entlaufener Gast und der holzbeinige Mann sind tot. Haben Sie Cobbys Gepäck noch?«

»Ja, Sir, aber viel ist es nicht.«

»Ob viel oder nicht, es ist jetzt konfisziert von der Krone als Beweismaterial in einem Mordfall. Bringen Sie die Frau in unsere Räume, Dermott, und auch Cobbys Gepäck.«

Der Atem der alten Frau roch stark nach Rum. »Ja«, sagte sie, »das ist sein Stecken.« Sie hielt das Holzbein in der Hand, das Cork für sie ausgewickelt hatte, und die Tränen stiegen ihr in die Augen. »Ich hab es selbst bezahlt, vor zwei Jahren, als das alte kaputtging. Sehen Sie die Kerbe da? Die habe ich reingemacht, als wir – ist ja auch egal, ist ja auch egal. Und der arme alte Kerl, ertrunken, ach Gott.« Plötzlich verwandelte ihr rührseliger Kummer sich in Ärger. Sie sagte Cork, sie hätte keine Ahnung, wer den alten Waychurch angeheuert hätte. »Ich hab dem alten Dummkopf gesagt, er soll sich da raushalten! Aber er wollte sich das Geld nicht entgehen lassen. Dabei hätten wir gar kein Geld mehr gebraucht, wenn meine Nichte erst mal dagewesen wäre. Sie ist schon unterwegs nach New York. Die hätte schon für uns gesorgt, aber nein, der alte Kerl konnte ja nicht warten. Das hat er jetzt davon.«

Als sie in unser Zimmer gekommen war, war ich natürlich zunächst einmal schockiert darüber, eine Frau ihres Typs bei uns zu sehen. Cork jedoch hatte ihr höflich Rum angeboten und sie freizügig damit versorgt. »Sagen Sie mir, Madame«, fuhr er mit freundlicher Stimme fort, »was sollte er denn genau tun?«

»Das weiß ich verflucht noch mal auch nicht so genau. Er hat nur gesagt, daß er in diese Kneipe zu einer Einladung gehen muß. Ich hab ihn noch gefragt, ob er seine Fiedel nicht mitnehmen will, aber er hat gemeint, daß er sie nicht braucht. Manchmal hat er nämlich bei Festen Musik gemacht. Aber dieses Mal kam der arme alte Affe nicht zurück. Er hätte warten sollen, bis Janie da ist.«

»Ja, es ist eine Schande«, sagte Cork mit aufrichtigem Ernst. »Konnte Waychurch übrigens lesen?«

»Nicht viel, aber er konnte seinen Namen so gut schreiben wie die meisten.«

»Hat er viel darüber geredet, daß er von den Piraten gezwungen worden war, mit ihnen zu fahren?«

»Ach, die alte Geschichte«, sagte sie mit einer abwehrenden Handbewegung. »Die halbe Zeit habe ich sowieso geglaubt, daß er das nur erfunden hat. Seeleute sind furchtbare Lügner, sobald sie an Land sind.«

»Ja, auf dem Schiff muß man einfach so genau sein, und alles muß so korrekt zugehen, und an Land spinnen die Männer dann gern ihr Seemannsgarn zum Ausgleich. Aber Waychurch hatte doch vom Gouverneur von North Carolina seinen Pardon bekommen, oder nicht?«

»Nicht daß ich wüßte«, sagte sie und stand schwankend auf. »Meine Herren, vielen Dank, daß Sie mir alles erzählt haben. Ich gehe jetzt wieder. Meine Nichte Janie kann jeden Tag ankommen, und ich habe noch viel zu tun.«

»Auf Wiedersehen, Madame«, sagte Cork mit einer kleinen Verbeugung, und als sie sich zum Gehen wandte, fügte er streng hinzu: »Das Holzbein bekomme ich wieder.«

Sie preßte das Bein an ihre Brust und sagte mit blitzenden Augen: »Das hier ist alles, was mir von Mungo geblieben ist. Würden Sie es mir wirklich wegnehmen?«

»Das Gesetz des Königs verlangt es so, zumindest für den Augenblick. Und ich will noch, daß Sie in die Leichenhalle in der Stone Street gehen und sich die Leiche ansehen. Hatte er eigentlich Narben am Körper?«

Ein schockierter Ausdruck legte sich auf ihr Gesicht. »Woher soll ich denn das wissen? Ich befolge die Damenregel, o ja.« Mit hoch erhobener Nase reichte sie ihm das Holzbein zurück.

»Damenregel?« fragte ich.

Hinterhältig antwortete er: »Ein Presbyterianer sollte das nicht wissen wollen, mein Sohn.«

Wie üblich ignorierte ich seinen Spott. »Ich möchte wirklich gern wissen, wer Waychurch angeheuert hat, die Frühstücksparty zu besuchen und warum.«

»Das Warum ist einfacher als das Wer, Oaks. Die Annonce muß geradewegs in jemandes Wespennest gestochen haben, und er schickte einen Mittelsmann vor, um festzustellen, welche Absichten der Verfasser der Annonce hatte.«

»Was ja anscheinend die Suche nach Black Burts Schatz war. Und das führt uns wieder zu Captain Boggs und seiner von Einstichen übersäten Karte.«

»So scheint es, aber der Gedanke, daß Boggs einen Mittelsmann anheuert, paßt einfach nicht. Als Offizier des Königs hätte er ganz offiziell eine Erklärung verlangen können, anstatt einen analphabetischen Trunkenbold damit zu beauftragen, die Informationen einzuholen.« Er hielt inne und sah zur Tür, wo Dermott mit einer Reisetasche stand. »Ah, Dermott. Wie ich sehe, bringen Sie Cobbys Gepäck. Immer herein damit, Mann. Viele Lebensgeheimnisse verstecken sich in den Dingen, die man hinterläßt.«

Das kleine Häufchen von Gütern, die Cobby hinterlassen hatte und die Cork jetzt auf den Tisch kippte, erzählten eine eher traurige Lebensgeschichte. Neben etwas Unterwäsche und einer zweiten Hose fand sich in der Tasche nur ein Schal, ein Necessaire und ein zerschlissenes Buch. Ich blätterte darin, während Cork sich die anderen Dinge genau ansah.

»Nun, hier hat Cobby also all seine Piratenlegenden her«, sagte ich und hielt das Buch hoch, sehr vorsichtig, weil der Einband schon zerrissen war und die Blätter nur noch locker am Rücken festhingen. »*Eine allgemeine Geschichte der Raubzüge und Morde der berüchtigsten Piraten*« von Captain Charles Johnson – 1724.

»In Wirklichkeit geschrieben von keinem anderem als Daniel Defoe, dem Autor von *Robinson Crusoe*«, sagte Cork. »Der Zimtgeruch in diesen Kleidungsstücken bestätigt, daß er auf den Bahamas gewesen ist.«

»Hier ist noch ein weiterer Beweis, Captain«, sagte ich, als ich zwischen den Seiten auf ein Blatt Papier stieß. »Es sieht aus wie eine Kopie von irgend etwas. Aha, hier ist also die Antwort auf Cobbys Interesse an dem Trepassi-Überfall. Es ist eine Liste der

Beuteaufteilung des Piratenschiffs nach einer Auktion in New York.«

»Daran ist doch nichts Merkwürdiges, Oaks. New York war der Hauptumschlagplatz für Piratenschiffe.«

»Ja, Sir, aber diese Liste zeigt, daß alle Mannschaftsmitglieder ihren Anteil in New York erhielten, bis auf Captain Roberts, der sich seinen doppelten Anteil schon im voraus nahm – in Goldmünzen.« Ich rechnete schnell im Kopf nach. »Black Burt standen somit fast zwanzigtausend Pfund zu, und Cobby muß vermutet haben, daß der Pirat dieses Geld irgendwo zwischen Trepassi und New York versteckt hat. Nicht gerade ein kleiner Schatz. Es würde sich schon lohnen, den zu finden.«

»Ja, wenn das Versteck und diese Abschrift der Aufteilung stimmen, aber das hier läßt Zweifel an dem Köder aufkommen.« Er hatte Cobbys Necessaire geöffnet, und dort, zwischen Rasierpinsel, Nähnadeln und Faden, lagen vier Kruzifixe wie das, das wir in Cobbys Tasche gefunden hatten.

»Heiliger Himmel, Captain, wenn das Diamanten sind, müssen die Kruzifixe ein Vermögen wert sein.«

»Dann wollen wir sie doch einmal testen«, erwiderte er skeptisch. Er trug die vier Kruzifixe und das eine, das wir in Cobbys Tasche gefunden hatten, zum Fenster und kratzte mit jedem an der Scheibe.

»Ich fürchte, daß es nur billige Imitationen sind, Oaks.«

»Vielleicht hat er sie als Requisiten für sein Theaterstück über Black Burt gekauft.«

»Requisiten, hm.« Einen Augenblick lang verlor sich Cork in seinen Gedanken. »Verdammt«, sagte er dann, »die Gezeiten wechseln schon, und ich muß noch einen Brief schreiben. Oaks, besorgen Sie mir bitte einen Jungen, der einen Brief zum Hafenkapitän bringen kann.«

Bevor ich mich auf den Weg machte, fragte ich ihn noch schnell: »Glauben Sie, daß die Zeit ausreicht, um ihn aufzuhalten?«

»Wen?«

»Boggs natürlich.«

»Oaks, Sie sind ein Dummkopf. Ich habe gesagt, daß Boggs zurückkommen wird, und das wird er auch. Ich will jetzt herausfinden, wo das sechste Kruzifix ist.«

Am nächsten Tag berichteten die Zeitungen über die beiden merkwürdigen Todesfälle mit unterschiedlicher Genauigkeit. Einige fürchteten, daß jeden Augenblick eine Piratenarmada über die Stadt herfallen würde, während andere Trost in der Tatsache fanden, daß der berühmte Detektiv Captain Jeremy Cork den Fall in der Hand hatte. Was die Zeitungen nicht berichteten, war, daß der unerschrockene Faktenfinder, der unermüdliche Verfechter der Gerechtigkeit, wieder zurückgefallen war in seinen für New York üblichen Schlaf bis in die Mittagsstunden. Obwohl es mir durchaus nicht behagt, daß er seine Zeit mit diesen Verbrechen vergeudet, finde ich es noch entnervender, wenn er sich auf dem Weg zu einer Lösung soviel Zeit läßt.

Um ein Uhr, als der Rest der Schöpfung bereits die Hälfte seines Tagewerks hinter sich hatte, machte Cork sich so langsam an die Arbeit. Das Wort Arbeit wird hier als Euphemismus gebraucht, um einen sehr großen Mann zu beschreiben, der vor einem Teller Austern sitzt und eine Parade von Leuten interviewt, die in unsere Räume zitiert wurden.

Als erster kam van Gaus, der eine Litanei negativer Resultate aufzählte, darunter auch, daß niemand Waychurch und Cobby lebend zusammen gesehen hatte, nachdem sie nach dem Salmagundi-Frühstück den Trauernden Schwan verlassen hatten. Wie Dermott sagte, hatten die beiden Männer bis in den Nachmittag hinein ein beträchtliches Quantum Rum zu sich genommen und waren dann aus dem Haus gestolpert.

»Wenn die beiden Leichen nicht zusammengebunden gewesen wären«, meinte van Gaus, »wäre der Fall ganz klar gewesen für mich: zwei Betrunkene, die in den Fluß gefallen sind und weggeschwemmt oder im Höchstfall das Opfer einer Hafenschlägerei wurden. Der verdammte Mörder hätte den Fall auf sich beruhen lassen sollen, anstatt Piratenrache zu nehmen und uns allen nur Ärger zu verursachen.«

Cork mußte über den Zorn des Sheriffs lachen. »Sie haben ganz recht, Sheriff. Gibt es eigentlich inzwischen genauere Informationen darüber, wie die Flut stand, und über den Handelsschiffer, der die Leichen gefunden hat?«

»Barstow, der Hafenmeister, und Chinpy, der Proviantmeister, warten draußen, Captain Cork.«

Von den beiden Männern, die jetzt in unser Zimmer geführt wurden, sah man Chinpy, dem Proviantmeister, seinen Beruf am ehesten an, denn sein Bauchumfang stand dem Mammut van Gaus kaum nach. Barstow dagegen hätte man eher in einem Beichtstuhl vermutet – sein scheues, zurückhaltendes Wesen war so ganz anders, als wir es von den anderen übelgelaunten Schreihälsen von Hafenmeistern in unserer Bekanntschaft gewohnt waren. Als er gefragt wurde, weshalb seiner Meinung nach die beiden Leichen zwei Tage gebraucht hatten, um den Fluß hinunter in den offenen Hafen zu gelangen, antwortete er mit sanfter Stimme: »Oh, daran ist nichts Merkwürdiges zu finden. Das Flußufer ist voller Sträucher, und viele kleine Inseln hemmen die Strömung, so daß eine Leiche durchaus für längere Zeit hängenbleiben kann.«

»Leichen, in diesem Fall«, sagte Cork. »Aber Sie kennen ja die örtlichen Gewässer besser als ich, Mr. Barstow, und mir wurde zu verstehen gegeben, daß die *Angela* drei Tage bevor die Leichen gefunden wurden in den Hafen einlief.«

»Pünktlich wie immer, Sir. Obwohl ich natürlich keine Kontrolle über die Seeschiffe habe, ist Captain Boggs immer so höflich und zuvorkommend, mich von seinen Bewegungen im Hafen zu informieren. Er lag wegen Ausbesserungsarbeiten zwei Tage in der Werft und legte dann im Buttermilchkanal an.«

Diese Antwort rief bei Chinpy ein herzliches Lachen hervor, das sich in ein brüllendes Gewieher verwandelte, als van Gaus einfiel. Die beiden Riesen waren dazu in der Lage, ein Haus mit ihrem Gelächter zum Wanken zu bringen. »Es erfordert nicht viel Höflichkeit und Zuvorkommenheit, mit seinem eigenen Schwager zu sprechen, Barstow«, spöttelte Chinpy.

Der Hafenmeister richtete sich reserviert auf. »Auch wenn Captain Boggs mir nicht die Ehre gemacht hätte, meine Schwester zu heiraten, Mr. Chinpy, kann ich Ihnen trotzdem versichern, daß er in jeder Hinsicht zuvorkommend und höflich wäre. Er ist nämlich, Sir, ein vorbildlicher Offizier des Königs.«

»Das stimmt«, lenkte Chinpy ein. »Ein prächtiger Offizier, der eigentlich eine bessere Stellung verdient hätte, aber so ist das nun einmal bei jenen von uns, die der Admiralität so treu ergeben sind, wie man es sich nur wünschen kann. Hier sitze ich zum Beispiel auf einem teuer ersteigerten Vertrag, der vorsieht, daß ich ein ganzes

Geschwader ausrüsten soll, und die einzigen Aufträge, die ich bekomme, stammen von den zwei kleinen Patrouillenschiffen. Und all das, weil Seine Lordschaft, der Admiral, hingerissen ist von einer dunkeläugigen Dame in den Tropen. Ich könnte zweiundzwanzig Schiffe mit Nahrungsmitteln und Material versorgen, und habe nur zwei Korvettenschiffe als Kunden. Aber es hat ja keinen Sinn, sich zu beklagen. Boggs ist ein feiner Mann, und das hier ist feiner Apple Knock.«

Boggs ist ein feiner Mann, van Gaus ist ein feiner Mann, Chinpy ist ein feiner Mann. Es scheint, daß jeder auf der Lohnliste des Königs ein feiner Mann ist – solange der Rum freizügig fließt.

»Das Schiff, das die beiden Leichen fand, wollte gerade auslaufen, Captain Barstow. Wie lange hatte es im Hafen gelegen?«

Barstow suchte einen Augenblick lang in seinem Gedächtnis, und dann, als lese er von einem unsichtbaren Blatt Papier ab, ratterte er Zeiten, Daten, detaillierte Beschreibungen und andere offizielle Einzelheiten herunter, die in wenigen Worten ausgedrückt besagten, daß das portugiesische Handelsschiff *Golden Arrow* eine Woche lang im Hafen gelegen und sich nach einer rauhen Atlantiküberquerung bei Chinpy neu ausgerüstet hatte. Das Schiff stand unter dem Kommando eines Pedro Vegon und war mit Bestimmung Pazifik wieder ausgelaufen.

»Bewaffnet?« fragte Cork.

»Zwei Neuner und sechs Drehbassen«, berichtete Chinpy. »Aber es ist kein Piratenschiff, falls Sie darauf hinauswollen, Captain Cork.«

»Das kann ich bestätigen«, sagte auch Barstow. »Vegon war zwar ein ziemlich schmieriger Typ, aber er hatte echte Handelsware an Bord.«

»Dessen bin ich ganz sicher«, sagte Cork und beendete damit die Unterhaltung. »Übrigens, wie alt war Captain Vegon Ihrer Meinung nach?«

Die beiden Männer sahen sich an. »Mitte Vierzig?« sagte Chinpy zögernd, und Barstow nickte zustimmend.

»Zu jung, als daß er Black Burt sein könnte«, sagte ich in Corks Gedanken hinein, als die beiden Männer gegangen waren und uns mit dem Sheriff allein gelassen hatten.

»Ja, Oaks, aber ausländische Schiffe, die nach dem Pazifik

auslaufen und wahrscheinlich jahrelang nicht in diese Gewässer zurückkehren werden, sind schon einer Überlegung wert.«

Ein Blick aus dem Fenster zeigte, daß der Tag sich bereits dem Abend zuneigte, und nichts war erreicht worden. Ich war fest entschlossen, wenigstens den Rest des Tages gewinnbringend anzulegen, und so entschuldigte ich mich bei meinem nachdenklichen Detektiv und zog mich zurück. Die nächsten drei Stunden verbrachte ich bei angenehmem Handel in der Stadt. Ich erzielte einen guten Preis für zehn Fässer Talk, frisch aus Corks Mühle in Massachusetts, von einem Lagerhausbesitzer im westlichen Bezirk. Das Mehl aus unserer Mühle in Connecticut brachte ebenfalls einen guten Preis, und die Kerzen aus Walratöl aus Rhode Island wurden in der John Street immer gern gesehen.

Als ich wieder den Trauernden Schwan erreichte und gerade die Außentreppe zu unseren Zimmern hinaufstieg, lief Tom, der Junge des Stallknechts, hinter mir her und reichte mir einen Brief.

»Er hat nicht gesagt, von wem er ist oder so, ich soll den Brief nur Captain Cork geben, Sir, hat er gesagt.«

Nun, ein Penny reicht aus, um das Schweigen eines Kindes zu erkaufen, deshalb stellte ich erst gar keine Fragen. Ich brachte den Umschlag hinauf. Wenige Minuten später hatte Cork die Nachricht gelesen und reichte sie mir.

Captain Jeremy Cork
Geehrter Herr,
wichtige Informationen erwarten Sie bezüglich der Angelegenheit Mungo Waychurch in der Warren Street 7, heute abend um neun Uhr.
Hochachtungsvoll,
ein Freund.

»Wenn wir dahin wollen, hole ich am besten unsere Pistolen«, sagte ich. »Die schottischen Armeepistolen werden es tun müssen, da die Kiltypistolen noch in Philadelphia sind.«

»Weshalb sollen wir uns denn bewaffnen, Oaks?«

»Für die Warren Street. Großer Gott, diese verrufene Gegend ist wirklich nicht der sicherste Aufenthalt für einen Gentleman.«

»Und doch bittet uns ein Gentleman dorthin – ein Anwalt, wenn ich den Gebrauch der Worte richtig deute.«

Die Glocken von St. Paul schlugen neun Uhr, als unsere Mietkalesche vom nördlichen Broad Way in die Warren Street einbog. Es war wirklich eine verrufene Gegend, voller Spelunken und Spielhöllen und baufälliger Hütten, in denen Dockarbeiter, Fuhrleute und kleine Handwerker mit ihren Familien wohnten. Selbst zu dieser späten Stunde rannten Horden von Kindern auf der dunklen Straße herum. Als wir vor Nummer sieben anhielten, sagte Cork: »Sie brauchen nicht zu warten, Kutscher. Die geschlossene Kutsche da vorne wird uns den Rest des Weges mitnehmen.«

Und tatsächlich, eine vierspännige Kutsche stand ein paar Meter weiter und wirkte in dieser trüben Gegend in höchstem Maße fehl am Platz; ihre Laternen zogen Nachtinsekten und neugierige Kinder an, die den Kutscher ärgerten.

Als wir uns näherten, zog Cork ein paar Kupfermünzen aus seiner Tasche und ließ sie in der Hand klimpern. Dann warf er sie gegen die Treppe, und alle Kinder rannten hinter dem hellen Klimpern her.

Die Tür der Kutsche öffnete sich, und eine Stimme aus dem dunklen Inneren sagte: »Captain Cork?«

»Ja, in Begleitung eines vertrauenswürdigen Freundes.«

»Sehr schön, Sir. Würden Sie die Freundlichkeit haben einzusteigen?«

Wir erklommen die Stufe, Cork steckte kühn als erster den Kopf in die Kutsche. Ich folgte ihm ein bißchen ängstlich, aber die schottische Pistole, die ich heimlich und ohne Corks Wissen in die Tasche gesteckt hatte, verlieh mir ein gewisses Selbstbewußtsein.

Wir saßen in der Dunkelheit einer Gestalt im Mantel gegenüber, die mit einem Stock an die Decke der Kutsche klopfte. Die Kutsche fuhr an.

»Ich danke Ihnen, daß Sie gekommen sind, Gentlemen«, sagte die Stimme. »Ich glaube, daß die Informationen, die ich habe, für Sie sehr interessant sein könnten.«

»Da ich sowohl im wörtlichen als auch im übertragenen Sinn im dunklen tappe, könnten Sie damit recht haben«, sagte Cork.

»Zunächst aber ein Vorschlag. Würde eine Zuwendung von, sagen wir, zehntausend Pfund, Sie davon abhalten, sich weiter mit dem Fall Mungo Waychurch zu befassen?«

Mein Herz schlug schneller. Zehntausend Pfund! Fürs

Nichtstun!

»Warum sagen Sie Zuwendung, Sir, wenn Bestechungsgeld doch ein viel passenderes Wort ist?« erwiderte Cork mit einer Stimme, die keineswegs beleidigt wirkte, aber, wie meine Pistole, geladen war mit tödlichem Potential. »Meine Augen können Sie zwar nicht sehen, aber meine Nase und meine Ohren sind in außerordentlich guter Verfassung. Ihr Cologne besteht aus einer Mischung von Zinnober und Orangenwasser, ihre Sprache läßt auf Gerichtshof schließen, Ihre Handschrift auf englisches Internat, und die Art, wie Sie die Zahl sieben mit einem Querbalken versehen, verrät mir, daß Sie viel auf dem alten Kontinent gereist sind. Ihr Stock, auf den Sie sich auch beim Sitzen stützen, läßt auf Ihr Alter schließen, er ist nicht zur Zierde da. Und damit könnten wir Sie einordnen als – einen britischen Rechtsanwalt, der schon seit langem auf den Bahamas lebt, wahrscheinlich über fünfzig, keineswegs jünger. Sie sind glattrasiert und hatten Hammel mit Knoblauchsauce zum Abendessen, was Ihrer Gicht nicht gut bekommen wird. Ach ja, und ich muß noch hinzufügen, daß Sie in Zukunft, wenn Sie eine Pistole bei sich zu tragen gedenken, diese nicht in der hinteren Manteltasche unterbringen sollten. Es ist unbequem und hindert einen beim Sitzen. Mein dummer Freund hier hat ebenfalls zur Vorsicht eine Waffe eingesteckt, aber er besaß wenigstens genug Verstand, seine Seitentasche zu benutzen.«

Im Geiste stieß ich eine Menge Flüche gegen ihn aus.

»Genug, Sir, genug«, sagte die Stimme müde. »Mir wurde zwar gesagt, daß man bei Ihnen vorsichtig sein müsse, aber das hier übersteigt doch alles. Eine wirklich gute Vorstellung Ihrer Fähigkeiten.«

»Aber auch Ihrer, Sir. Als wir die Kutsche betraten, bogen wir unverzüglich nach rechts ab, was uns in nördlicher Richtung auf die Greenwich Road führte, dann bogen wir wieder rechts ab, also nach Osten, und jetzt ändern wir schon wieder die Richtung, und zwar nach Süden. Wir scheinen uns im Kreis zu bewegen, Sir.«

Ein Streichholz flammte auf und erhellte die Kutsche. Eine zitternde Hand brachte die Flamme an den Docht einer Öllampe und erlaubte uns, uns endlich anzusehen. Und, lieber Himmel, Corks Nase und Ohren hatten recht gehabt. Er war ein kraftloser älterer Mann mit einem Anflug von Grandeur auf seinem patrizischen Gesicht. Er beugte sich über seinen herrlich verzierten Stock, als er sagte:

»Schlagfluß, nicht Gicht, Sir. Ich bin froh, daß Sie nicht auf meine Spur angesetzt sind, denn ich hätte keine Chance gegen Sie. Mein Name ist Davish, Mortimer Davish aus New Providence, ehemals Unterstaatssekretär des Königlichen Gouverneurs auf den Bahamas.«

»Handeln Sie jetzt im Auftrag des Königs?«

»Nein, Captain Cork, im Augenblick handele ich in einer Privatsache, aber von nicht geringer Bedeutung, wie ich betonen möchte. Ihre Fähigkeiten sind hier wohlbekannt, und Sie könnten ungewollt gewisse angesehene Leute und ihren Ruf mit Ihrer Untersuchung vernichten. Es tut mir leid, daß ich das Wort Zuwendung so gedankenlos gebraucht habe.«

»Keine Ursache«, sagte Cork mit einer lässigen Handbewegung, die mir verriet, daß wir gerade zehntausend Pfund Adieu sagten. »Sie vertreten ganz offensichtlich ehemalige Piraten, Sir. Und nun lassen Sie uns nicht mehr im Kreis herumlaufen, weder mit der Kutsche noch mit Worten. Bitte kein endloses Drumherumgerede. Eine meiner ersten Vermutungen war, daß Cobby und Waychurch umgebracht wurden, weil irgendwelche Leute die Annonce für eine offene Erpresserdrohung hielten. Wie viele Leute sind es, Sir?«

»Im ganzen sieben – und unschuldig an den beiden Morden. Es waren damals alles noch sehr junge Männer, die seitdem in Gottes rechtschaffener Welt Fuß gefaßt und für ihre Sünden mit wohltätigen Werken bezahlt haben.«

»Nun, sie werden noch ein bißchen mehr bezahlen müssen, Sir Mortimer, und zwar nicht zu knapp, aber nicht an mich. Morgen früh möchte ich eine gezeichnete Summe von fünfzigtausend Pfund in den Händen halten, und zwar für die Errichtung einer Schule und eines Hospitals für die Kinder der Warren Street. Die Spende muß von Ihren sieben Klienten unterzeichnet sein.«

»Aber dann werden Sie ja wissen, wer sie sind!«

»Wenn sie nicht unterschreiben, kann ich sie auch auf andere Art ausfindig machen. Deshalb wurden Sie doch zu mir geschickt, nicht wahr? Damit die sieben Namen geschützt werden.«

»Ja.«

»Dann sollen ihre Namen geschützt werden. Die Spende wird an den Dekan von St. Paul geleistet.«

»Aber das könnte eine Falle sein, Captain Cork. Wann immer Sie es wollten, könnten Sie –«

»Die Identität Ihrer Klienten aufdecken? Natürlich könnte ich das, aber ich werde es nicht tun, weil ich Ihnen glaube, Sir Mortimer. Und jetzt zu einem wichtigen Punkt, in dem ich absolute Offenheit verlange. Haben Sie Waychurch in den Trauernden Schwan geschickt, nachdem die Annonce erschienen war?«

Der alte Anwalt, der sich offensichtlich gar nicht dabei wohl fühlte, selbst ins Kreuzverhör genommen zu werden, antwortete zögernd: »Ja. Sehen Sie, die Zeitungsannonce ließ meine Klienten vermuten, daß jemand aus den alten Tagen aufgetaucht sei, der sie erkennen könnte. Ich bezahlte den holzbeinigen Mann dafür, der Einladung Folge zu leisten und zu berichten, welcher Art die Absichten des Betreffenden seien. Er ist nie wieder zurückgekommen.«

»Kannte Waychurch Ihre Klienten von früher her?«

»Nein, dessen habe ich mich vergewissert, bevor ich ihn auswählte. Er war für meinen Zweck ideal, weil seine eigene Vergangenheit ihn dazu befähigen würde, einen Schwindler zu erkennen.«

»Sie sandten nur einen Mann zu der Frühstückseinladung?«

»Ja. Das scheint Sie zu enttäuschen, Sir?«

»Es ist nur ein weiterer offener Punkt. Aber es ist nicht so wichtig. Wenn Sie Ihrem Kutscher jetzt ein Zeichen geben wollen, können wir hier aussteigen. Ich erwarte die Liste.«

»Sie werden sie bekommen, Sir«, versicherte ihm Sir Mortimer. »Natürlich ist der Preis recht hoch, aber was können meine Klienten schon tun?« Und dann fügte er noch hinzu: »Auch ich befinde mich jetzt in Ihrer Hand, Sir, da ich schließlich ein Anwalt des Königs bin. Aber ich weiß, daß ich nicht die Mörder der beiden Männer schütze. Falls sie dabei ihre Hand im Spiel gehabt hätten, warum hätten Sie dann eine Piratenhinrichtung daraus machen und erst dadurch den Skandal provozieren sollen?«

»Sie haben recht, Sir. Die Kinder der Warren Street danken Ihnen und Ihren Klienten. Guten Abend.«

Zu meiner Überraschung waren wir kaum mehr als zwei Blocks

von unserer Unterkunft entfernt, und ich bemühte mich, mit Cork Schritt zu halten, was gar nicht so einfach war. »Als Sie damals nach dem Frühstück sagten, daß Cobby auf der Suche nach einem Schatz sei, da meinten Sie also Erpressung. Nicht wahr? Ich würde Gott weiß was dafür geben, wenn ich eine Fliege an der Wand hätte spielen können, damals, als wir zur Kupfermine gefahren sind. Glauben Sie, daß die Ex-Piraten diese Spendenliste schicken werden?«

»Davon bin ich überzeugt.«

»Nun, wenn es sich nicht um ein Theaterstück handelte, und, wie wir jetzt erfahren haben, auch nicht um Erpressung, aus welchem Grund sind Sie denn dann ermordet worden?« Als wir in den Speisesaal des Trauernden Schwans traten, fügte ich poetisch hinzu: »Vielleicht ist unsere Liste mit Hinweisen noch unvollständig – wie Dermotts Salmagundi.«

Cork ist normalerweise ein gutmütiger Mann und schätzt wohlformulierte Sätze, aber diesmal nicht. Er hielt seine Schritte an und marschierte nach kurzer Weile weiter in einem Anfall tiefen Schweigens, was normalerweise auf eine nahe Lösung schließen ließ.

Falls jedoch in seinem Kopf eine Lösung eingeschlossen war, so hatte er Mühe, den passenden Schlüssel zu finden. Ein Tag, eine Woche, zehn Tage gingen vorbei, in denen er Austern aß, gelegentlich in Cobbys Piratenbuch blätterte und unermüdlich Seemannsknoten in das Stück Seil knüpfte, mit dem er das Holzbein eingewickelt hatte. Selbst van Gaus ging er auf die Nerven, denn nach den ersten paar Tagen des Nichtstuns ließ der Sheriff sich nicht mehr bei uns blicken.

Schließlich, am vierzehnten Tag, beschloß ich, daß es jetzt an der Zeit sei, ihn ein bißchen anzuspornen. Es war zehn Uhr morgens, und ich konnte meinen Augen kaum glauben, daß er tatsächlich schon auf war. Sein Aufstehen wurde dicht gefolgt vom Erscheinen Dermotts, der mit Hilfe des Zapfers aus der Schenke unten das riesige Buffet belud mit Apple Knock, Wein, Rum, Kuchen, Töpfen mit Bier und einem großen Topf mit Salmagundi.

»Oh, haben wir Gäste?« fragte ich. »Oder ist dies wieder nur eine Ihrer symbolischen Gesten. Und warum haben wir soviel Zeit vergeudet, falls Sie so liebenswürdig sein wollen, mir das zu erklären.«

Meine Worte wurden untermalt vom Krachen einer Schiffskanone. Nicht nur einer, sondern vieler, als die Schiffe in den Hafen einliefen. Ihr Gruß wurde erwidert von einer sechzehnfachen Salve aus dem Fort.

»Meine Güte«, sagte Cork, als er die sechzehn Schüsse gezählt hatte. »Ein Admiral, und kein Geringerer.«

Bei diesen Worten öffnete sich die Tür, und ein atemloser van Gaus betrat das Zimmer. »Ganz richtig«, keuchte er und schenkte sich einen Becher Rum ein. »Cork, Sie sind ein Wunder, ein wahres Wunder. Woher wußten Sie, daß es zwölf Schiffe sein würden und nicht sechs oder sechzig?«

»Reine Spekulation, und ein paar Kenntnisse auf dem Gebiet der Flottentechnik, Sheriff. Wurde mein Brief weitergeleitet?«

»Sobald sie in Sicht waren. Die anderen werden in Kürze hier sein.«

Sie? Andere? Hatte ich mich getäuscht? Die ganze Zeit über, während ich gedacht hatte, daß Cork bloß sinnlose Knoten knüpfte, hatte er darauf gewartet, daß gewisse Ereignisse stattfanden, und nun war es anscheinend soweit. Ich mußte nicht lange auf die Antwort warten, wer mit »sie« und »andere« gemeint war. Die »sie« trafen als erste ein in Gestalt von Sir Percy Grice, Admiral des Königs, gefolgt von seinem Flaggleutnant, von Captain Boggs und dem Hochbootsmann der *Angela*, der sich in seinen engen Stiefeln ganz offensichtlich nicht wohlfühlte. Die anderen waren Hafenmeister Barstow und der Proviantmeister Chinpy. Dermott kümmerte sich eigenhändig um die Getränke.

Admiral Grice war nicht in der richtigen Laune für ein Festmahl, was er von Anfang an klarstellte.

»Ich bin es nicht gewöhnt, an Land beordert zu werden, Captain Cork, aber Ihr Brief sagte, es handele sich um Admiralitätsangelegenheiten, und hier bin ich also. Ich schlage vor, daß Sie gleich zur Sache kommen – ich habe mich um Piraten zu kümmern.«

»Ich bitte um Vergebung, Sir Percy, aber ich glaube, daß Ihr Besuch an Land der Mühe wert sein wird.«

»Also heraus damit.«

Das war alles, was Cork brauchte: eine Art Bühne, ein Publikum und eine geheimnisvolle Handlung, die er aufdecken konnte, und das tat er auch, nachdem er für den Admiral die bisherigen Ereignisse kurz zusammengefaßt hatte.

»Also wollen wir noch einmal die Beweise aufzählen – eine Zeitungsannonce, ein Holzbein, eine Anzahl von Kruzifixen, die Aufteilungsliste eines Piratenschatzes, ein Stück Seil und ein Salmagundi ohne Mangos.«

»Und eine Piratenhinrichtung«, beeilte Admiral Grice sich hinzuzufügen.

»Ja, oder so wollte man uns zumindest glauben machen. Aber immer der Reihe nach. Warum hat Cobby diese Annonce mit der Frühstückseinladung aufgegeben? Weil er ein Theaterstück schreiben wollte? Blödsinn. Die Kruzifixe und die Beuteliste der Piraten zeigen nur eines: Mr. Cobby war ein Trickbetrüger, ein Gauner, der vertrauensseligen Hornochsen falsche Schatzinformationen verkaufte. Dies wird bestätigt durch die Antwort auf einen Brief, den ich mit Hilfe des Hafenmeisters per Küstenschiff nach Charleston schickte, wo Cobby nach Provincetown als erstes an Land ging.« Er warf mir einen Blick zu. »Das sechste Kruzifix, Oaks. Wenn ein Mann Kruzifixe herstellen läßt wie Black Burt sie trug, würde er dann nicht eine runde Zahl bestellen? Ein halbes Dutzend oder gar ein Dutzend? Das sechste, oder besser gesagt, das erste Kruzifix, wurde in Charleston benutzt.

Der Verleger des *Charleston Courier* teilte mir mit, daß eine ähnliche Annonce in seiner Zeitung erschienen ist, und daß ein Bürger der Stadt um sechzig Pfund betrogen wurde, wofür er eine wertlose Karte und ein Kruzifix erhielt. Wäre Cobby am Leben geblieben, hätte er zweifellos seine Annonce in einer größeren New Yorker Zeitung untergebracht und mehr Fliegen in sein Netz gelockt.«

»Wollen Sie damit sagen«, fragte der Admiral, »daß er von einem betrogenen Kunden und nicht von Piraten ermordet wurde?«

»Nein. Er hatte keine Zeit, hier Kunden einzufangen. Ich bin sicher, daß er gern versucht hätte, mich übers Ohr zu hauen, aber Dermott stellte mich als Detektiv vor, und so versteckte Cobby seine wahren Absichten hinter der Geschichte mit dem Theaterstück.«

»Und was ist mit dem holzbeinigen Mann?«

»Admiral, an diesem Punkt kann ich mich nur auf Vermutungen verlassen. Der alte Seebär war ein unschuldiges Opfer, das von den Ereignissen mit fortgerissen wurde.«

So, dachte ich, hielt er also sein Wort, das er Sir Mortimer gegeben hatte, und verriet nicht, daß Waychurch dessen Agent gewesen war, obwohl ich die Liste für die Spende für die Warren Street bis jetzt noch nicht gesehen hatte.

»Ich möchte Ihnen jetzt den nächsten Beweis zeigen«, sagte Cork. »Ein Stück Seil, abgeschnitten von dem, mit dem die beiden Leichen zusammengebunden waren.« Er reichte das Seil herum, mit dem er das Holzbein eingewickelt und an dem er sich im Knotenknüpfen geübt hatte.

»Sieht wie ein ganz normales Stück Seil aus«, sagte Grice.

»Würden Sie es sich ein bißchen genauer ansehen, Admiral? Ich habe es nämlich auch anfänglich fälschlicherweise für ein ganz normales Stück Seil gehalten.«

Der Admiral nahm das Seil in die Hand und fuhr mit den Fingern über das ausgefranste Ende. »Damit waren die Leichen zusammengebunden?«

»Ja, Sir. Würden Sie es bitte für diejenigen erklären, die nichts mit der Seefahrt zu tun haben?«

»Es ist ein Seil aus der Admiralitätsausrüstung«, erklärte der Admiral. »Die genaue Bezeichnung lautet ›Kleinschnur‹, wie alle Taue mit weniger als zweieinhalb Zentimeter Durchmesser genannt werden. Alle Admiralitätstaue, Kleinschnüre, Trossen und Ankertaue enthalten einen Gaunerfaden, ein gefärbtes Garn, das mit hineingewebt wird und an dem man feststellen kann, wo es herkommt und daß es zum Besitz des Königs gehört. Dieser Gaunerfaden ist grün, also das Produkt von –?« Er sah seinen Flaggleutnant fragend an.

»Den Stacy-Werken, Sir, in New Bedford.«

»Gestehen Sie es, Cork. Wollen Sie mir sagen, daß ein Schiff des Königs in diese Affäre verwickelt ist?«

»Man könnte sagen, daß zweiundzwanzig Schiffe des Königs darin verwickelt sind. Captain Boggs, welche Farbe hat der Gaunerfaden auf Ihrem Schiff?«

»Nun, eine solche Kleinigkeit habe ich natürlich nicht im Kopf,

Captain Cork«, sagte Boggs ausweichend. Dann sah er seinen Hochbootsmann an, der sich nicht gerade darum zu reißen schien, das Wort zu ergreifen.

»Also los, Miggs, sagen Sie es schon. Sie wollen mich doch nicht vor dem Admiral beschämen. Ich glaube sogar, daß Captain Corks Brief nur aus diesem Grund Ihre Anwesenheit hier erfordert hat.«

Es war ein sich sehr unbehaglich fühlender Mann, der schließlich sagte: »Blau, Sir, blau auf dem ganzen Schiff. Wir haben bei Spithead ausgerüstet, bevor wir auf die amerikanische Patrouille gingen, und jedes Seil und Tau ist ordentlich und korrekt im Buch festgehalten. Es gibt keine überzähligen Taue auf der *Angela*, Sir, und ich trete jedem –«

»Danke, Miggs«, sagte Captain Boggs und unterbrach den sich steigernden Ärger. »Es war sehr klug von Ihnen, Cork, den Gaunerfaden zu bemerken. Er hätte mir eigentlich auch auffallen müssen.«

»Bei mir hat es ja auch eine Weile gedauert. Es war reines Glück, daß ich das Stück dazu benutzt habe, das Holzbein einzuwickeln. Und ich bin Ihnen eine Entschuldigung schuldig, Captain Boggs. Eine Zeitlang hatte ich den Verdacht, daß Sie selbst die beiden Leichen zusammengebunden hätten, um die Aufmerksamkeit des Admirals zu erregen. Aber auch wenn der Gaunerfaden auf der *Angela* grün und nicht blau gewesen wäre, wäre es nicht plausibel gewesen, daß Sie Admiralitätsmaterial benutzt hätten.«

Der Admiral war empört darüber, daß ein Offizier seines Geschwaders unter Verdacht gestanden hatte, und Cork mußte die Sache mit den Nadeleinstichen auf der Karte erklären. Das amüsierte Boggs, und er wandte sich an den Flaggleutnant. »Sagen Sie es dem armen, neugierigen Mann schon.«

»Aye, Sir«, sagte der Flaggleutnant und versuchte vergeblich, ein Lächeln zu unterdrücken. »Es ist allgemein im ganzen Geschwader bekannt, daß Boggs glaubt, daß in diesem Gebiet Piratenschätze versteckt liegen.«

»Und für die Krone konfisziert werden könnten«, fügte Boggs hinzu.

»Natürlich«, sagte Sir Percy und sah sich mit seiner ursprünglichen Strenge um. »Aber, in drei Teufels Namen, die Leichen wurden mit Admiralitätsschnur zusammengebunden.«

Der Flaggleutnant beugte sich vor und flüsterte seinem Vorgesetzten etwas ins Ohr. Die Augen des Admirals verengten sich, und er starrte Chinpy böse an. »Nun?« wollte er wissen.

»Ich verstehe nicht, Sir«, sagte der Agent nervös. »Mein Ausrüstungsgeschäft führt natürlich Taue aus New Bedford, aber ich kann mir wirklich nicht erklären – außer natürlich, es wurde mir gestohlen.«

»In gewisser Weise wurde es gestohlen«, pflichtete Cork ihm bei. »Der Krone gestohlen und verkauft an fremde Schiffe, wie wohl auch Gott weiß wieviel anderes Admiralitätsmaterial. Ich bin sicher, daß eine sorgfältige Überprüfung der Bücher alles enthüllen wird.

Denn sehen Sie, Admiral, eine Einzelheit dieses Falles ließ mir von Anfang an keine Ruhe. Ich fand es einfach schwer zu glauben, daß ein portugiesischer Kapitän, der unbedingt noch mit der Flut auslaufen wollte und aufgrund einer rauhen Atlantiküberquerung sowieso schon eine Woche zu spät dran war, sich die Zeit nehmen würde, nicht nur anzuhalten und herumschwimmende Leichen aus dem Wasser zu fischen, sondern dazu noch die Mühe nicht scheute, ein in einem Seitenkanal liegendes Schiff des Königs aufzusuchen, um die Leichen ordnungsgemäß übergeben zu können. Ich denke, daß Sie mir beipflichten werden, Sir, daß die Herren von Handelsschiffen nur höchst selten eine so ausgeprägte Pflichterfüllung zeigen.«

»Da haben Sie verdammt recht. Sie sind alle ein unzuverlässiger Haufen.«

»Es liegt auf der Hand«, fuhr Cork fort, »daß der ausländische Captain genau wußte, wo die *Angela* lag, und daß er geradewegs mit seiner Betrügerfracht auf sie zuhielt. Der einzige Fehler bestand darin, daß er die Leichen mit seinen neuen Tauen zusammenband. Sie hätten ihn warnen sollen, Chinpy, dann hätte Ihr Plan vielleicht geklappt.«

»Plan? Welcher Plan?«

»Ein Plan, Admiral, mit dem Ihre Schiffe in diese Gewässer gelockt werden sollten, damit Chinpy sie ausrüsten kann. Wenn er Beweise für die Anwesenheit von Piraten an einen pflichtbewußten Offizier des Königs weiterleitete, bestand jede Hoffnung, daß dieser unverzüglich seinen Admiral informieren würde. Genau das tat er auch, und hier sind Sie, Admiral.«

»Nun, ich will verdammt sein«, sagte der Admiral.

»Natürlich, Captain Cork«, sagte Chinpy mit wiedergewonnenem Selbstvertrauen, »ist alles, was Sie gesagt haben, reine Spekulation. Ihr Wort steht gegen meines.«

»Wie wahr, Chinpy, wie wahr. Der Portugiese ist weg, aber vielleicht kann der Admiral ihn aufspüren. Das wäre doch ein hervorragender Auftrag für Captain Boggs. Aber natürlich werden auch Ihre Bücher Fehlmaterial aufweisen, da Sie ja nicht mit einer Überprüfung gerechnet haben.«

»Was aber noch kein Grund ist, einen Mann zu hängen«, sagte Chinpy mit mehr Hoffnung als Gewißheit.

»Wieder wahr, Chinpy, aber die Einmischung in die Mission eines Admirals ist so ein Grund, genau wie auch Mord.«

»Ich habe die zwei Männer nicht umgebracht. Das kann ich beschwören, Sir Percy, und ich lege mich und mein Schicksal in Ihre Hand. Ich habe die beiden Leichen gefunden, unter meinem Dock. Ich hatte keine Ahnung, daß sie etwas mit der Zeitungsannonce zu tun hatten, aber ich hatte sie gelesen, und als ich sah, daß der eine ein Holzbein hatte, kam mir der Gedanke, eine Piratenhinrichtung vorzutäuschen. Ich bin ein armer Mann, Sir Percy. Ich habe viel Geld in mein Ausrüstungsgeschäft investiert, und niemand kaufte bei mir. Es war ein verrückter Plan, aber ich war verzweifelt. Ich schwöre jedoch feierlich, daß ich keinen Mord begangen habe. Das Schicksal hat mir diese Leichen auf den Weg gelegt.«

Der Admiral sah Cork an, der sagte: »Ich bin geneigt, ihm zu glauben, Sir Percy. Der Piratentrick konnte nur klappen, wenn zwei Leichen zur Hand waren, und Chinpy hatte einfach keine Möglichkeit zu wissen, daß bei der Frühstückseinladung der holzbeinige Mann auftauchen würde. Ich kann versichern, daß Chinpy Waychurch nicht geschickt hat. Das Schicksal spielte ihm in die Hände, als er die beiden Leichen an seinem Dock fand – und dann verließ ihn das Glück wieder durch das Versehen mit dem Gaunerfaden. Nein, Chinpy hat die beiden Männer nicht getötet.«

»Wer, zum Teufel, hat es dann getan?« fragte der Admiral, dem dieses Hin und Her langsam zuviel wurde.

»Noch heute morgen, Admiral, hätte ich Ihnen nur meine

Vermutung nennen können, aber durch Sheriff van Gaus' Umsicht haben wir unseren Mörder jetzt. Dank der Aufmerksamkeit meines Partners, Mr. Oaks, waren wir dazu in der Lage, den Schuldigen zu überführen.«

Ich hätte nur allzugern ein selbstzufriedenes Lächeln an den Tag gelegt, aber ich hatte absolut keine Ahnung, wie ich zu der Lösung beigetragen haben sollte.

Cork kam mir zu Hilfe.

»Zwei Sätze, Oaks. Der eine lautete: ›eine Fliege an der Wand‹, der andere: ›ein unvollständiges Salmagundi‹. Also los, Sheriff.«

Die Tür wurde geöffnet, und da stand Mary, das Serviermädchen, und sah uns mit haßerfüllten Augen an. »Gentlemen«, sagte Cork, »darf ich Ihnen Mary Bonnard vorstellen, wie sie sich nennt. Ihre Großmutter ist keine andere als Anne Bonnie!«

»Die Piratenfrau?« fragte der Admiral.

»Genau die. Sie wurde zusammen mit Calico Jack Rackman gefaßt und entging dem Galgen nur, weil sie schwanger war.«

»Nun, offensichtlich war Sir Mortimer um Rat gefragt worden, aber warum sollte Mary zwei Männer töten, nur weil einer der beiden ihre Großmutter eine Schlampe und ein Flittchen genannt hatte? Und wenn die alte Dame Pardon erhalten hatte, was hatte sie da schon zu fürchten?«

»Sehen Sie, Anne Bonnie hat ihren üblen Lebenswandel keineswegs aufgegeben und war eine Anführerin des Schmuggelrings, mit dem der Sheriff sich in letzter Zeit so abplagen mußte. Die Schmuggelware, die in ihrem Haus am Division Hill gefunden wurde, beweist das über allen Zweifel erhaben.«

Ich konnte mich nicht beherrschen und sagte: »Ich sehe wirklich nicht ein, was Schmuggeln mit einer Annonce über Piraten zu tun haben soll.«

»Dann denken Sie einmal nach, Oaks. Ich habe bereits gesagt, daß Cobbys Annonce eine Provokation darstellte. Nur eine Andeutung, daß die Piraterie wieder aufflammte, und schon würde es hier eine bedeutend stärkere Patrouille geben, was die Schmuggler sich einfach nicht leisten konnten. Mary wurde in den Trauernden Schwan geschickt, um festzustellen, was Cobby vorhatte, entschied, daß der Londoner gefährlich sei und lockte ihn und Waychurch in den Tod. Und wie die Ironie des Schicksals es manchmal so will, fand Chinpy die beiden Leichen, und so kam es, daß sie nicht als Opfer einer Hafenschlägerei angesehen wurden, sondern Ursache waren für eine Aktion, die die Schmuggler gerade hatten vermeiden wollen – daß nämlich eine große Anzahl von Schiffen des Königs in diesen Gewässern zusammengezogen wurden.«

Der Admiral räusperte sich unbehaglich, stand auf, gratulierte Cork und fragte: »Wie haben Sie es geschafft, sie zu überführen?«

»Die Mangos haben mich auf die Spur gebracht. An jenem Morgen wurde Mary ein bißchen keß und sagte zu Dermott, daß ein gewisser Händler namens Granger Mangos vorrätig hätte. In der hiesigen Küche jedoch werden Mangos nicht verwendet, und ich fragte mich, ob unser Serviermädchen etwa schon Salmagundi gekocht hatte. Also beobachtete ein Mann des Sheriffs tagelang den Gemüseladen. Und schließlich erschien Mary dort. Es scheint, als hätte ihre Großmutter ihre Vorliebe für dieses Gericht nicht verloren, und sie läßt es sich regelmäßig kochen. Zu regelmäßig in diesem Fall.«

Erst zwei Tage später fing unser Leben wieder an, in normalen Bahnen zu verlaufen. Cork war an Bord des Flaggschiffs des Admirals gefeiert worden und anschließend vom Sheriff bei einem Ehrenessen im Donnerstag-Klub. Während wir unter diesen hehren Herren saßen, mußte ich mir alle Mühe geben, ein paar der Anwesenden nicht anzustarren, die für ihre großzügige Spende zugunsten des Fonds für die Kinder der Warren Street beglückwünscht wurden.

Zufällig erwähnte ich heute morgen bei den Austern seiner Herrlichkeit gegenüber, daß Cobby vielleicht ohne es zu wissen doch dem Geheimcode von Black Burt auf der Spur gewesen sei.

»O ja, Oaks, es handelt sich durchaus um einen Geheimcode, der verrät, wo der Schatz vergraben ist«, sagte er. »Es ist nur, daß man die falsche Interpretation angewendet hat. Dabei ist es ganz einfach.«

»Wollen Sie etwa sagen, daß Sie es herausbekommen haben? Heiliger Himmel, Cork, wo liegt der Schatz? Wo in New England?«

»Weit gefehlt. Wenn man das Symbol der Flagge wörtlich nimmt und den rechten Fuß auf die Bahamas stellt und den linken auf Martinique, so deutet der Degen genau auf die Inseln unter dem Winde, wahrscheinlich Canoua.«

»Sind Sie sicher? Ich meine, dann könnten wir doch –« O nein, dachte ich mir dann. Das war nur wieder einer seiner Tricks, mich loszuwerden. Er würde sagen, daß der Schatz ganz allein mir gehört und erwarten, daß ich mich mit einer Schaufel auf den Weg mache und ihn endlich in Ruhe lasse. Aber Wellman Oaks steht zu seinem Wort. Ich werde ihn zum reichsten Mann in Amerika machen, ob er nun will oder nicht.

Übrigens ist Sir Mortimer Davish ein guter Freund geworden, und ich habe vor – wenn wir noch ein wenig vertrauter miteinander geworden sind – ihn zu fragen, als ein Mann von Welt, was es mit dieser merkwürdigen »Damenregel« auf sich hat.

Originaltitel: THE INCOMPLETE SALMAGUNDI. 11/81

Pauline C. Smith

Das Ende der Geschichte

»Ich habe einen Krimi geschrieben«, sagte ich zu Latham.
Er sah nicht von seinem Zeichenbrett auf.

Latham hatte gerade Zeichenbrett, Tuschkasten und Millimeterpapier gekauft – von meinem Geld natürlich, denn er hat kein eigenes. Latham arbeitet am liebsten mit schönen Dingen. Den besten, um genau zu sein, denn er ist sehr begabt und talentiert. Alles, was er tut, ist deshalb sehr wichtig.

»Einen Krimi! Stell dir das mal vor!« rief ich, um sein Interesse zu erregen.

Er sah auf, ganz kurz, warf mir ein besänftigendes Lächeln zu und machte sich wieder an seine wichtige Arbeit.

Latham, mein Mann, ist Latham Lawrence, Sproß der Familie Lawrence, die einst in dieser Stadt den Ton angab – als es noch einen Richter, einen Arzt, einen Künstler und einen bestechlichen Politiker gab. Jetzt sind alle dahin, entweder tot oder in alle Winde verstreut, und nur Latham ist noch übrig, und Lathams Größe scheint ein unberechenbares Potential zu sein.

»Es ist eine recht gute Story«, sagte ich eindringlich und legte ihm die Hand auf die Schulter. »Würdest du sie gern lesen?«

Er schüttelte die Hand ungeduldig ab. »Ich bin beschäftigt«, sagte er und verdrehte die Augen hinter seiner Brille.

Latham hat schon immer eine Brille getragen. Sie ist der Grund dafür, zusammen mit seiner kleinen, aber drahtigen Figur, daß er auf der High-School immer nur in der Ersatzmannschaft spielte. Heutzutage sieht er sich die Nationalspiele im Fernsehen an, und das ist immer die einzige Zeit, in der er wütend wird – emotional erregt, meine ich. Er erzählt mir von all den Siegen, die er für unsere High-School hätte heimtragen können, wenn Trainer Meyer ihn nur ins Spiel gelassen hätte.

Lathams Klagen in jeder Fußballsaison ist einfach absurd, zumal die High-School seit zehn Jahren hinter ihm liegt. Nun, Latham interessiert sich fanatisch dafür, und er erinnert sich an jede Einzelheit, so wie er auch noch alles aus seiner kurzen Laufbahn am College weiß. Er sagt, sie sei kurz gewesen, weil er nach Hause kommen und sich um seinen alten Großvater kümmern mußte. Vielleicht. Aber nachdem ich Latham in all den Jahren unserer Ehe beobachtet habe, bin ich eher geneigt zu glauben, daß er das College aus denselben Gründen nicht beendet hat, aus denen er nie etwas beendet.

»Latham«, sagte ich, »warum liest du meinen Roman nicht? Ich wette, wenn du erst einmal angefangen hast, willst du gar nicht mehr aufhören.«

Er lächelte wieder, diesmal abweisend. Er hatte gewichtigere Dinge im Kopf.

Nun, Latham wirkte schon immer so, als hätte er gewichtige Dinge im Kopf. Schon damals auf der High-School umgab ihn eine Aura lässiger Herablassung, die auf einen großen Verstand schließen ließ, und hinter ihm stand eine angesehene Familie, was beides das Gefühl meiner Unterlegenheit verstärkte, zumal ich nicht wußte, ob ich überhaupt Verstand besaß und schon gar keinen berühmten Namen, den ich mein eigen nennen konnte.

Um das zu kompensieren, studierte ich das Wörterbuch. In meinem letzten Pflegeheim wurde ich von Mutter Mary, wie man mich angewiesen hatte sie zu nennen, deswegen getadelt: »Wieso das Wörterbuch?« fragte sie verächtlich. »Was lernt man schon aus einem Wörterbuch außer einem Haufen Wörter?« Sie hatte recht. Aber Worte sind Bildung, oder nicht?

Nehmen wir nur einmal das Wort *egalitär*, was gleich bedeutet, an die soziale Gleichheit glauben, sie verfechten, und das ist, wenn man die Definition kennt, zweifellos ein Zeichen dafür, daß man sich auf einer höheren Ebene bewegt. Oder nicht? Also studierte ich weiter mein Wörterbuch und legte mir ein ansehnliches Vokabular zu.

Das heißt noch nicht, daß ich glaube, meine Wortgewandtheit sei der Grund für Lathams Interesse an mir gewesen. Ich glaube, ich war nur einfach im richtigen Moment da, und ich hatte eine gute Stelle, als sein Großvater an Altersschwäche starb und ihn in diesem halbzerfallenen Haus allein ließ.

Ich legte das Kinn auf seine Schulter, um zu sehen, woran er gerade arbeitete. Er schüttelte es ab. Bei der Zeichnung, ordentlich bis in die kleinsten Einzelheiten ausgearbeitet, schien es sich schon wieder um die Kellertreppe zu handeln. In regelmäßigen

Abständen wandte er sich immer wieder dieser Kellertreppe zu – verbreiterte sie, machte die Stufen länger – oh, es waren wunderschöne Zeichnungen. Einmal entwarf er sogar eine Wendeltreppe in den Keller, mit einer Stange in der Mitte. »Meine Güte«, sagte ich, ganz überwältigt von seinem kreativen Talent, und fügte hinzu: »Warum reparierst du die Treppe nicht einfach?« Der Himmel weiß, daß sie eine Gefahr für sein Leib und Leben darstellte, so wacklig wie sie war und wo er sie ständig benutzte, um ein bißchen an dem Loch weiterzugraben, das er für den Ofen vorbereitete.

Latham hatte jedoch die Gepflogenheit, niemals etwas zu reparieren, sondern ein völlig neues Konzept zu entwerfen, wie zum Beispiel bei der Treppe und dem Ofen – der Ofen sollte ein Brennofen werden, damit er Gegenstände aus Ton brennen konnte, Statuen, die er vielleicht schaffen würde, Puppenköpfe und so weiter.

Auch fragte ich, zögernd zwar, warum er das Loch nicht an einer anderen Stelle grub anstatt unmittelbar am Fuß der Treppe, so daß er sich immer über das Geländer schwingen mußte, wenn er kam oder ging.

Weil, erklärte er, diese Stelle die einzige im Keller war, wo er nicht auf eine Schieferschicht gestoßen war – und außerdem würde die neue Treppe sowieso in einem anderen Winkel verlaufen. Er hatte für alles eine Antwort, sofern er es der Mühe wert fand, überhaupt zu antworten.

Latham hatte vielfältige, manchmal etwas sprunghafte Talente, die ihn auf viele Tätigkeitsbereiche führten, und unten im Keller hingen mehrere halbfertige kopflose Marionetten. Außerdem gab es zahllose unvollendete Bausätze für die verschiedensten nützlichen Dinge. »Warum machst du nicht einmal ein paar davon fertig?« schlug ich vor, eine Hand auf seiner Schulter.

»Das werde ich«, antwortete er und schüttelte die Hand ab. »Wenn die Zeit gekommen ist und ich mir mehr Material leisten kann.«

Nun, ich war es, die das Material bezahlen mußte, und Zubehör und Schrauben und Bolzen und Miniaturmotoren sind in unserem inflationären Zeitalter teuer, ebenso Schaufeln, Holz und Ton und sogar das Papier, auf dem Latham seine Pläne zeichnet.

Als ich den Vorschlag machte, er solle sich doch einen Job suchen, reagierte er, als hätte ich ihm angeraten, sich an die Ecke Main und Third Street zu stellen und sich zu prostituieren.

»Ich? Ich soll von neun bis fünf irgendwo Sklavenarbeit verrichten?« Er war im tiefsten Grunde seines Herzens erschüttert.

»Nun, ich tue das doch auch«, erinnerte ich ihn. »Ich arbeite im Kaufhaus Herzog von zehn bis sechs Uhr jeden Tag.«

Und was hatte er darauf zu antworten? »Ich bin eben das Rennpferd, und du bist der Ackergaul«, sagte er mit gönnerhaftem Lächeln. Ich sah in dieser Metapher einen ganz besonders billigen Anthropomorphismus, wobei das Lächeln noch eine zusätzliche Beleidigung darstellte.

»Willst du nicht wenigstens versuchen, meinen Krimi zu lesen, Latham?« bat ich, meine Hand auf seinem Arm.

»Später, später«, sagte er mit einem ungeduldigen Zucken und malte einen weiteren Strich auf sein Millimeterpapier.

Ich hätte bestimmt nie die Inspiration gehabt, Schriftstellerin zu werden, aber diese Bemerkung über Rennpferde und Ackergäule ließ mich nur noch tiefer im Loch meiner Unterlegenheit versinken, aber ich stieg wieder daraus hervor mit dem Wunsch, ebenfalls auf eine Rennstrecke zu gelangen. Ich erinnerte mich an mein bemerkenswertes Vokabular, die Frauenzeitschriften, die in dem Kaufhaus, in dem ich arbeitete, stapelweise ausgelegt waren, und an die alte Schreibmaschine zu Hause, die ganz zweifellos von einem großen Lawrence hinterlassen worden war.

Wenn es im Kaufhaus mal nicht so hektisch herging, las ich die Geschichten in den Zeitschriften, und wenn ich abends das Geschirr abgewaschen hatte, stellte ich die alte Schreibmaschine auf den Küchentisch und schrieb. Als meine erste Geschichte fertig war, überlegte ich mir, an welche Zeitschrift ich sie schicken könnte.

Die ganze Zeit über zeichnete Latham, bastelte Marionetten, grub an seinem Loch im Kellerboden und setzte Baukastenteile zusammen, ohne mich auch nur einmal zu fragen, sei es in Worten, durch eine erhobene Augenbraue oder ein gekünsteltes Hüsteln, was ich da eigentlich tat.

Der Scheck kam an einem Montag, meinem arbeitsfreien Tag,

während Latham in der Bibliothek war. Ich sank halb bewußtlos auf einen Stuhl und umklammerte den Scheck und den beigefügten Brief, spürte, wie der Wind an meinem Haar zupfte und wie mir der Siegeslorbeer umgelegt wurde. Ich saß immer noch da, als Latham, beladen mit Bastelbüchern, nach Hause kam. Er nahm mir den Scheck aus der Hand und las ihn. Seine Augen blitzten glasig auf, als Visionen von Ton und Zeichenpapier in seinem Kopf zu tanzen begannen.

»Woher hast du den Scheck?« fragte er.

»Er ist für eine Geschichte, die ich geschrieben habe.«

»Laß mal sehen.«

Ich fragte ihn, wie ich sie ihm denn zeigen sollte, nachdem ich das Manuskript an die Zeitschrift geschickt hätte.

»Hast du denn keinen Durchschlag?« fragte er voller Verblüffung. »Nun, das hast du ja wieder schön verpatzt«, fügte er hinzu und setzte sich hin, um eine Liste all der Dinge aufzustellen, die er für einige seiner unvollendeten Projekte brauchte. Erst viel später ging mir auf, daß ich es gar nicht verpatzt haben konnte, denn sonst hätten sie die Geschichte doch nicht angenommen, oder? Und auch nicht bezahlt, oder?

Die Durchschläge begannen sich auf der Ablage in der Küche zu stapeln, aber nach jenem ersten magischen Moment fragte Latham nie mehr, ob er eine meiner Geschichten sehen könne. Und auch als die Geschichten dann tatsächlich im Druck erschienen, weigerte er sich, auch nur ein einziges Wort zu lesen.

»Wo ist dein Name?« fragte er.

»In Zeitschriften mit wahren Geschichten wird nie der Name des Autors genannt«, erklärte ich.

Er lachte, legte die Geschichte weg und sagte, er hätte noch nie im Leben eine wahre Geschichte gelesen und er würde ganz sicher nicht jetzt damit anfangen.

Ich dachte später, daß ich ihn hätte daran erinnern sollen, daß er absolut keine Skrupel besaß, wenn es darum ging, das Geld auszugeben, das die Zeitschriften mir schickten – aber so geht es mir immer. Immer denke ich erst zu spät daran, was ich zu Latham hätte sagen sollen. Ich kann mich eben schriftlich besser ausdrücken, wenn mein Kopf frei ist von Gedanken an meine eigene Minderwertigkeit und unbeeindruckt von Lathams Überlegenheit.

»Es ist der erste Krimi, den ich je geschrieben habe, Latham«, sagte ich. »Ich habe sehr hart daran gearbeitet und jede Einzelheit geplant. Genau wie du deine Arbeit tust, Latham, überaus sorgfältig.« Ich legte den Arm um seine Hüfte, und er schüttelte ihn ab, lehnte sich mit halbgeschlossenen Augen in seinem Stuhl zurück.

Seine Augen, nachdem sie mir einmal aufgefallen waren und ich darüber nachgedacht hatte, sahen eigentlich wie Schweinsäuglein aus, riesig vergrößert durch die dicken Brillengläser. »Ich wünschte, du würdest meinen Krimi lesen, Latham. Wirklich!«

Er atmete tief ein und stand auf. Dies war das Signal, daß er den Störungen durch mich entfliehen wollte, indem er sich in seinen Keller zurückzog, wo er ungestört graben und mit seinem Genius kommunizieren konnte.

»Bitte, willst du ihn nicht doch lesen?« bettelte ich.

Er lächelte mit seinen dünnen Lippen, aber nicht mit seinen vergrößerten Augen, und sagte: »Also gut, später.«

»Ich wette, das wirst du nicht«, sagte ich und lief ihm nach. »Aber du solltest.«

Er öffnete die Kellertür und drehte sich um, um auf mich herabzusehen. »Du solltest wirklich, Latham«, sagte ich und legte die Hand auf seine Schulter.

Er riß sich los – und stürzte die Treppe hinunter.

Er hätte meinen Krimi lesen sollen. Das hätte er wirklich tun sollen. Aber so ist Latham nun einmal. Oder so war er.

Ich lehnte mich an die offene Kellertür und las noch einmal den letzten Absatz meines Romans:

»Er konnte es nicht ausstehen, wenn jemand ihm die Hand auf die Schulter legte. Er sagte, das sei nur ein Versuch, seine Aufmerksamkeit zu erregen, seine Gedanken von seinen eigenen Interessen auf die eines anderen zu lenken, und so schüttelte er die Hand immer ab oder riß sich los, eine Geste, die sein Ende bedeuten sollte auf der baufälligen Treppe zum Keller, wo eine ungeschickte Bewegung dazu führen würde, daß er sich zu Tode stürzte, die Treppe hinunter und in ein halbfertiges Loch.«

Er hätte den Roman lesen sollen.

Originaltitel: THE PLOUGH HORSE. 11/81

Robert Lopresti

Töten ist einfach

Otis Penfield schwebte in Todesangst. Und er hatte allen Grund dazu.

»Sie müssen mir helfen, Mr. Aken. Ich brauche Schutz.«

Ich sah ihn mir über den Schreibtisch hinweg genau an. Seine hagere Gestalt kauerte auf der Kante des Besucherstuhls wie ein Vogel kurz vor dem Abflug. Er bestand praktisch nur aus nervösen Symptomen: ein nervöses Zucken im Gesicht, vorzeitig ergrautes Haar, und, dafür hätte ich mein nächstes Honorar verwettet, ein ausgewachsenes Magengeschwür.

»Wie sind Sie auf mich gekommen, Mr. Penfield?«

Er zuckte mit den Schultern. »Durch das Telefonbuch. Max Aken war der erste Name in der Rubrik Privatdetektive.«

»Manchmal ist es ganz gut, wenn man am Anfang des Alphabets geboren wurde«, stimmte ich ihm zu. »Und wo liegt Ihr Problem?«

Er sah sich im Büro um, was jedoch nichts enthielt, das ihm Vertrauen hätte einflößen können. Ich hatte das Gefühl, daß billige Räume in billigen Gegenden nicht zu seinen üblichen Aufenthaltsorten gehörten.

»Jemand versucht, mich umzubringen, Mr. Aken.«

Ich steckte mir eine Zigarette an und suchte vergeblich nach dem Aschenbecher. »Und aus welchem Grund?« Ich zog den Papierkorb näher. Glücklicherweise war er leer.

»Ich bin Buchhalter bei Fairday Industries.«

Ich pfiff leise. »Wenn man seinen Lebensunterhalt mit Geldzählen verdienen will, warum dann nicht in einer Firma, wo es davon Massen gibt, nicht wahr?«

Penfield schien von meinem Sinn für Humor nicht sonderlich beeindruckt zu sein. Er war nicht der erste, dem es so ging. »Mr. Aken, Millionen von Dollar laufen jedes Jahr durch diese Firma. Aber normalerweise sieht jeder Buchhalter nur die Bücher der Abteilung, in der er arbeitet.«

»Jeder Ratte ihren eigenen kleinen Privatkäfig.«

»Letzten Monat bat mich Mr. Fairday, der Präsident der Firma, für den Jahresbericht den gesamten Finanzplan aufzustellen. Normalerweise tut das unser Finanzdirektor, aber er war krank.«

Penfield zog ein Taschentuch hervor und wischte sich den Schweiß von der Stirn.

»Und da haben Sie zum erstenmal einen Überblick bekommen?«

»So war es. Und ich entdeckte große Unstimmigkeiten. Gelder waren von einer zur anderen Abteilung transferiert worden, sind aber niemals angekommen. Darlehen, die nicht verbucht sind –«

»Sie brauchen nicht in Einzelheiten zu gehen«, sagte ich. »Jemand hat also die Bücher frisiert. Haben Sie es Ihrem Chef gesagt?«

»Mr. Fairday ist zur Zeit im Urlaub. Und ich bin der Meinung, daß ich es als allererstes ihm sagen muß.«

»Und was ist mit dem Finanzdirektor? Ist er immer noch krank?«

Penfield zog ein grimmiges Gesicht. »Er ist wieder da. Aber er ist es, der für die Unstimmigkeiten verantwortlich ist.«

»Oho!« Ich ließ die Zigarettenkippe in den Papierkorb fallen. »Sind Sie sicher?«

»Sicher genug, es vor Gericht zu beschwören.«

»Haben Sie ihn mit Ihren Beweisen konfrontiert?«

»Nicht absichtlich, aber er hat Verdacht geschöpft.« Penfield sah sich im Raum um. »Führt die Tür dort zum Badezimmer?«

»Ja, aber ich fürchte, die Toilette funktioniert nicht.« Ich lächelte entschuldigend. »Kaum daß man ein paar Monate mit der Miete im Rückstand ist, weigert sich der Vermieter, einen Klempner zu schicken.«

Penfield wand sich unbehaglich. Es war ihm deutlich anzusehen, daß der Gedanke, mit der Miete im Rückstand zu sein, sein Buchhalterherz schreckhaft schneller schlagen ließ.

»Wie lautet der Name des Finanzdirektors?«

»Fred Larrabee.«

»Sie wollten mir gerade sagen, wie er gemerkt hat, daß Sie Ihre große Entdeckung gemacht haben.«

»Ach ja. Offensichtlich hat er meine Notizen gefunden. Am nächsten Tag bat er mich zu einem Gespräch in sein Büro.« Mein Klient zog eine Grimasse. »Er erklärte mir, daß er sich auf Glücksspiele eingelassen und sich bei dem – er sagte Mob – hoch verschuldet hätte.«

Ich nickte. »Der Ausdruck ist mir bekannt.«

»Und da lieh er sich Geld bei Fairday Industries, um seine Schulden zu bezahlen.«

»Und dann hatte der Mob ihn in der Hand. Er mußte sich für den Mob mehr Geld ›leihen‹, sonst würden sie ihn auffliegen lassen.«

»Genauso war es.«

»Die alte Geschichte.« Ich kratzte mich am Kinn, das eine Rasur nötig hatte. »Glauben Sie ihm?«

»Ja. Die Unterschlagungen scheinen auf Zahlungen an Dritte hinzuweisen.«

»Aber weshalb hat er Ihnen das alles erzählt?«

»Um mir Angst einzujagen. Er warnte mich. Er sagte, seine Kumpane würden es bestimmt nicht gern sehen, wenn jemand ihre Operationen aufdeckte. Er sagte, sie würden jemanden anheuern, um mich umzubringen, wenn sie auch nur den leisesten Verdacht hätten, daß ich reden würde.«

Ich nickte. »Unter Mr. Larrabees Freunden ist es durchaus nicht unüblich, sich der Dienste professioneller Mörder zu bedienen.«

Der Buchhalter wischte sich wieder den Schweiß von der Stirn. »Wie ich schon sagte, glaube ich ihm, aber er glaubte mir nicht. Ich sagte, ich würde die ganze Sache vergessen, aber er wußte, daß es eine Lüge war.« Penfield stand auf und fing an, unruhig im Zimmer auf und ab zu gehen. »Ich habe die Beweise fotokopiert, bevor ich nach Hause ging. Gestern habe ich mich krank gemeldet. Heute morgen, als ich das Haus verließ, ist mir jemand gefolgt.«

Ich klappte mein Notizbuch auf. »Haben Sie den Mann gesehen? Können Sie ihn beschreiben?«

»Nein, ich habe nur gespürt, daß er da war. Ich bin mit dem Zug in die Stadt gefahren und habe Sie vom Bahnhof aus angerufen. Ich glaube, dort habe ich die Person, die mir folgte, abgeschüttelt. Seitdem habe ich jedenfalls nichts mehr gemerkt.«

Ich trat ans Fenster und sah auf die Straße hinab. Niemand war da, außer er hatte sich als Mülltonne getarnt. »Und was wollen Sie jetzt von mir, Mr. Penfield?«

Er schluckte schwer. »Sie sollen dafür sorgen, daß ich am Leben bleibe.«

Ich zuckte mit den Schultern. »Töten ist so einfach – zu verhindern, daß jemand jemanden umbringt, ist bedeutend schwieriger. Wenn ein Profikiller auf Sie angesetzt wurde, ist es nur eine Frage der Zeit.«

Der Buchhalter setzte sich wieder und beugte sich vor. »Aber die Zeit arbeitet für mich. Mr. Fairday kommt in achtundvierzig Stunden zurück. Sobald ich ihm gesagt habe, was passiert ist, nützt es dem Mob nichts mehr, wenn er mich umbringt.«

»Warum gehen Sie nicht zur Polizei?«

Er sah mich entsetzt an. »Hinter dem Rücken von Mr. Fairday? Das kann ich nicht tun. Das wäre einfach nicht richtig.«

Der edle Buchhalter, loyal selbst im Angesicht des Todes. »Okay, Mr. Penfield. Sie engagieren mich, damit ich Sie beschütze und dafür sorge, daß Sie und die Beweise in zwei Tagen sicher bei Mr. Fairday ankommen. Also gut, nun zum Honorar –«

Er zog ein wunderschönes grünes Päckchen aus der Tasche. Gute, liebenswerte Scheinchen – so etwas sieht man heutzutage selten. »Es sind zweitausend Dollar«, sagte er und schob mir das Päckchen zu.

»In Ordnung«, sagte ich. »Nächste Frage: Was ist mit den fotokopierten Beweisen? Wo haben Sie sie aufbewahrt?«

Er griff in eine andere Tasche seines Jacketts und zog ein eng zusammengefaltetes Bündel Papiere hervor.

»Sie tragen sie bei sich?«

»Das schien mir am sichersten zu sein.«

Ich schüttelte den Kopf. »Mr. Penfield, Sie sind erstaunlich naiv. Der Mob hätte gar keinen Killer auf Sie anzusetzen brauchen – ein Taschendieb hätte genügt.« Er machte ein beleidigtes Gesicht. »Geben Sie mir die Papiere, ich lege sie in den Safe.«

Er gab sie mir.

»Haben Sie noch jemandem von Ihrer Entdeckung erzählt?«

»Nein, niemandem.«

»Denken Sie genau nach – das Leben der betreffenden Personen könnte davon abhängen. Ihrer Frau zum Beispiel oder Ihrer Sekretärin?«

Er lächelte kurz. »Ich bin nicht verheiratet, und ich habe auch keine Sekretärin. Glauben Sie mir, Mr. Aken, ich habe niemandem davon erzählt.«

»Okay, dann –«

Das verdammte Telefon klingelte. Ich sah ihn entschuldigend an und hob ab.

Am Telefon war eine Frau namens Cindy, die wissen wollte, wo Max war. Ich sagte, sie solle in einer Stunde noch einmal anrufen. Als ich auflegte und mich umdrehte, sah ich Penfield in der offenen Tür zum Badezimmer stehen. Er gab krächzende Laute von sich. Ich sprang auf. »Ich habe Ihnen doch gesagt, daß die Toilette kaputt ist.«

Er stand wie erstarrt. »Es liegt eine Leiche auf dem Boden.«

»Ich weiß.« Ich ging hin, machte die Tür zu und führte ihn zum Schreibtisch zurück. »Setzen Sie sich doch, während ich Ihnen alles erkläre.«

»Erklären? Wer ist der Mann?«

»Max Aken, der Privatdetektiv.«

»Aber Sie sind doch Max –« Er sah meine Pistole und schwieg.

Ich setzte mich auf die Schreibtischkante, die Pistole auf ihn gerichtet. »Sie hatten recht, Mr. Penfield. Ich war heute morgen am Bahnhof, so dicht hinter Ihnen, daß ich hören konnte, wie Sie diese Verabredung trafen. Als Sie gegangen waren, warf ich einen Blick ins Telefonbuch. Sie hatten es aufgeschlagen liegenlassen, und Max Akens Name und Telefonnummer waren unterstrichen.« Ich schüttelte den Kopf. »Es ist eine sehr schlechte Angewohnheit, Mr. Penfield, die öffentlichen Telefonbücher zu verschandeln.«

Otis Penfield fielen fast die Augen aus dem Kopf. Sein Gesicht war so weiß wie eine Seite in einem seiner Bücher.

»Danach brauchte ich nur noch hierherfahren und mich als Otis Penfield auszugeben. Aken ließ mich ein, und ich brachte ihn um. Sobald er aus dem Weg geräumt war, mußte ich nur noch auf Sie warten und so tun, als sei ich Max.«

»Aber, aber warum?«

»Warum wir uns so lange unterhalten haben? Ich konnte Sie nicht einfach erschießen, Mr. Penfield. Mr. Larrabee und meine Auftraggeber bestanden darauf, daß ich feststellen müsse, welche Beweise Sie in der Hand hatten. Zugegeben, ich hatte nicht erwartet, daß Sie sie so problemlos herausrücken würden.« Mein Finger krümmte sich um den Abzug.

Penfield wollte schreien, aber er kam nicht mehr dazu. Wie ich schon gesagt habe, ist Töten sehr einfach.

Originaltitel: KILLING IS EASY. 11/81

James Hadley Chase

Ein Double für die Falle

Ullstein Buch 10122

Jerry Stevens, stellungsloser Schauspieler, bekommt endlich eine ungewöhnliche Rolle angeboten. Für tausend Dollar pro Tag soll er als Double für den berühmten Wirtschaftsmagnaten Ferguson eintreten. Denn der will in aller Ruhe seine geheimen Verhandlungen durchführen, ohne daß die Konkurrenz oder die Presse davon erfährt. Stevens nimmt an. Doch die Traumrolle wird bald zu einem Alptraum. Und Stevens begreift, daß er sich hilflos in der Gewalt eines Familienclans befindet, der für alle Probleme nur eine Lösung kennt: Mord.

»Chase schreibt fast alle seine Konkurrenten in Grund und Boden.« TIME AND TIDE

»Eine überraschende Wendung folgt der anderen bis zum ironischen Schluß ... Wenn Sie Unterhaltung wollen, können Sie kaum etwas Besseres finden.« THE TIMES

ein Ullstein Krimi

Mickey Spillane

Tod einer Unsterblichen

Zwei Kriminalstories

Ullstein Buch 10052

Sollte ich gegen alle Wahrscheinlichkeit mit dem Leben davonkommen, dann gnade ihr Gott. Sie beugte sich leicht nach vorn. Ihre Augen glitzerten. Sie beobachtete, wie das Gift zu wirken begann. Die Pistole brauchte sie nicht mehr. Ich versuchte, den rechten Arm zu heben. Es war, als hinge ein Amboß daran. Meine Füße klebten am Boden, Nebel zog sich im Zimmer zusammen. Und dann fiel ich nach vorn, mitten hinein in das Nichts ...

ein Ullstein Krimi

Dan Kavanagh

Duffy

Ullstein Buch 10131

Was die beiden Eindringlinge Rosie McKechnie antaten, war gemein und schrecklich, doch was sie mit der Katze machten, war wirklich widerlich. Als Rosies Ehemann Brian abends nach Hause kommt und sie findet, ruft er die Polizei, aber er erzählt den Beamten nicht alles, was er weiß. Denn McKechnie hat gewisse Dinge zu verbergen. Und eine gebildete Stimme am Telefon erklärt ihm, es würde nicht billig sein, die schmutzigen Geschäfte verborgen zu halten...

Dan Kavanagh liefert in »Duffy« nicht nur eine spannende Story, sondern auch ein authentisches Bild von Soho mit seinen Pornokinos, Massagesalons und Peepshows.

»Ein explosives neues Talent.«
THE OBSERVER

ein Ullstein Krimi

Ullstein Krimis

»Bestechen durch ihre Vielfalt«
(Westfälische Rundschau)

A. C. Baantjer
De Cock und der tanzende Tod
(10158)

Ed McBain
Killers Lohn (10159)

Hitchcocks Kriminalmagazin,
Band 136 (10160)

Brian Freemantle
Eine Flasche für Charlie Muffin
(10161)

Margot Bennett
Einer blieb zurück (10162)

James Hadley Chase
Keine Orchideen für Miss Blandish
(10163)

Hitchcocks Kriminalmagazin,
Band 137 (10164)

Dick Francis
Reflex (10165)

William Wingate
Die Vergeltung des Fremden (10166)

Ellery Queen
Flieg, Kugel, flieg (10167)

Hitchcocks Kriminalmagazin,
Band 138 (10168)

Shelley Smith
Herr, erbarme Dich der Schwachen
(10169)

Jim Thompson
Der Mörder in mir (10170)

Ed McBain
*Die zehn Gesichter der
Annie Boone* (10171)

Hitchcocks Kriminalmagazin,
Band 139 (10172)

Ross Thomas
Der Bakschischmann (10173)

Margot Bennett
Jemand aus der Vergangenheit
(10174)

James Hadley Chase
Lotosblüten für Miss Quon (10175)

Hitchcocks Kriminalmagazin,
Band 140 (10176)

Brian Freemantle
Abgesang auf Charlie Muffin (10177)

A. C. Baantjer
De Cock und das tödliche Komplott
(10178)

Ellery Queen
Schön ist ein Zylinderhut (10179)

Hitchcocks Kriminalmagazin,
Band 141 (10180)

Shelley Smith
Spiel der Konsequenzen (10181)

Ruth Rendell
Der gefallene Vorhang (10182)

Ed McBain
Clifford dankt Ihnen (10183)

Hitchcocks Kriminalmagazin,
Band 142 (10184)

ein Ullstein Buch